対話原理と
第二言語の習得と教育

第二言語教育におけるバフチン的アプローチ

西口光一

くろしお出版

目　次

はじめに ix
問題意識 xi
  第二言語教育における文法偏重の傾向—xi
  日本語教育のコンテクスト—長沼メソッドの伝統—xii
  教授法の崩壊—xiii
  第二言語教育と第二言語教育学の危機—xv
本書の概観 xvi
凡　例 xix

第1章　ジャンル論のエッセンス 1
  はじめに
 1. 感性的世界としての意識—2
  1-1　マルクスの人間観—2
  1-2　具体的で物質的な生活過程と意識—3
 2. ジャンル論のモチーフ—5
  2-1　意識と音声—人間におけることばの発達—5
  2-2　マルクスの意識論とジャンル論—7
 3. ことばのジャンル再考—9
  3-1　ことばのジャンルと日常的な相互行為—9
  3-2　「普通」がずれるとき—11
  3-3　ことばのジャンルと超状況的実践—14
 4. 言葉と対象—15
  4-1　言葉と対象の対話的形成—15
 5. まとめ— ジャンル論のエッセンス—17

第2章　ことばのジャンルと基礎第二言語教育のデザイン……21

 はじめに

1. ことばのジャンルと第二言語の習得—21
   - 1-1　ことばのジャンルと言語活動従事と言語の習得—21
   - 1-2　言語発達—23
   - 1-3　ジャンルとラング—24
2. 第二言語の習得と言葉遣い—25
   - 2-1　第二言語習得の場合の事情—25
   - 2-2　「第一言語の注釈」と言葉遣い—27
3. 新たな基礎第二言語教育の構想—30
   - 3-1　ジャンル論から新たな基礎第二言語教育の構想へ—30
   - 3-2　Wertsch のツールキット論と Wilkins の分析的アプローチ—32
4. パフォーマンス・オリエンティッドな基礎第二言語教育の教育内容—35
   - 4-1　パフォーマンス・オリエンティッドなカリキュラム策定のための発想の転換—35
   - 4-2　パフォーマンス・オリエンティッドな教育のための教材開発の新しい発想—37
5. 結び—38

第3章　対話原理……41

 はじめに

1. 対話原理のエッセンス—42
   - 1-1　ドストエフスキー作品の主人公—42
   - 1-2　ドストエフスキーの「目」—43
   - 1-3　ポリフォニー小説論から対話原理へ—45
   - 1-4　『ドストエフスキー論』の初版と第2版—47
2. 対話原理の認識論——人間にとっての経験とことばと現実—50
   - 2-1　事態や出来事と経験—50
   - 2-2　社会的交通の経験—51

    2-3　生活世界と生活主体の発生と拡張—51
    2-4　対話的主体—53
  3. 対面的な社会的交通への対話原理の視座—54
    3-1　対話者たちの共通の領域としての発話＝外言—54
    3-2　内言と外言の連続体—56
    3-3　声とポリフォニーと対話的交流—57
    3-4　能動的応答的理解—58

第4章　社会的交通と発話と内言 61
  はじめに
  1. 社会的交通の展開と外言と内言—61
    1-1　外言に基づく社会的交通の展開—61
    1-2　外言と内言に基づく社会的交通の展開—62
    1-3　社会的交通における内言の介在—67
    1-4　内言が認められる状況—68
  2. 社会的交通の多声性—70
    2-1　他者に聴こえる内的な声—70
    2-2　心の中の声—72
    2-3　想定される内言—75
    2-4　ポドテキスト—77
  3. 社会的交通の現実—81
    3-1　他者の思想と動機—81
    3-2　意識の小宇宙—82

第5章　バフチンの超言語学 85
  はじめに
  1. 社会的交通が発現する基底の構造—85
    1-1　身近な社会的状況と広い社会的な環境—85
    1-2　社会的な諸関係と社会的な相互関係の雰囲気—87

1-3 意識の対話的アリーナから浮上する島としての発話＝外言—88
  2. 社会的交通の発現と発話の立ち現れ—90
   2-1 社会的交通と発話の具体個別性—90
   2-2 バフチンの結構とJacoby and Ochs (1995)の共構築—91
  3. 対話関係と超言語学—92
   3-1 超言語学と対話関係—92
   3-2 対話関係と作者—96

第6章　第二言語教育における対話論的アプローチ 99
  はじめに
  1. 言語現象の研究へのバフチンの貢献—100
   1-1 超言語学—100
   1-2 対話原理の意義—101
   1-3 文化的な交信と人格の責任論—102
   1-4 第二言語の習得と習得支援の基本原理—103
  2. カリキュラム・デザインの指針—105
   2-1 コースの目標とねらいと言語技量—105
   2-2 自己表現活動中心の基礎日本語教育におけるコースの目標とユニットの目標—107
  3. 教材作成のスキームとナラティブ学習のスキーム—108
   3-1 教材の企画—マスターテクストというスキーム—108
   3-2 ナラティブ学習の基本スキーム—ナラティブによる登場人物との対話的交流—109
   3-3 PPTカミシバイの実践と第一言語の注釈—110
   3-4 PPTカミシバイを実践する教師の姿勢と技量—113
   3-5 ナラティブ学習のスキーム—114
  4. ユニットの授業プランと学習者と教師—116
   4-1 Tフォーメーション—116
   4-2 Tフォーメーションによる学習の方向づけと学習者のやる気—118
   4-3 SMTアプローチにおける教師の立場と役割—118

    5. 結び—119

第**7**章　対話原理から見た接触場面社会的交通 123
    はじめに
  1. 日本語話者の対話的空間—127
    1-1　整えながら聞く日本語話者—127
    1-2　再構成しながら聞く日本語話者—128
    1-3　第二言語話者の話し方と「通じる」こと—130
  2. 日本語第二言語話者の対話的空間—130
    2-1　第一言語でまず考えて話す第二言語話者—130
    2-2　断片的に語る第二言語話者—133
    2-3　ことばを借用して話す第二言語話者—135
  3. 考察—137
    3-1　社会的交通に従事するということ—137
    3-2　接触場面社会的交通に従事すること—138
    3-3　〈わかる〉、〈わかりにくい〉、「日本語」、「翻案」などについて—139
    3-4　身近な社会的状況と広い社会的な環境—141
    3-5　社会的交通の現実態の探求—142
  4. 第二言語の習得と習得支援を考える—142

エピローグ 149

◇

補　章　マルクスからヴィゴツキー、そしてバフチンへ
　　　　— マルクスの意識論を出発点として — 155
    要　旨
    はじめに
  1　マルクスにおける精神・意識・イデオロギー—156
    1-1　弁証法的唯物論と意識—156

        1-2　意識からイデオロギーへ―158
        1-3　意識とことば＝記号―159
    2　マルクスからヴィゴツキーへ―160
        2-1　ヴィゴツキーによるマルクス主義心理学の構築へ―160
        2-2　意識の捉え方―162
        2-3　人間行動についての歴史的・社会的な理解と能動的適応―163
        2-4　「危機」(1926-27)におけるヴィゴツキー―165
        2-5　ケーラーの研究と『人間行動の発達過程』(1930)―166
        2-6　マルクスとヴィゴツキー―167
    3　マルクスとバフチン―171
        3-1　マルクスとバフチンの連続性―171
        3-2　イデオロギーと心理と記号―172
        3-3　心的過程と記号の間の往還運動―175
    4　おわりに―176

巻末資料 178
　　資料1　NEJの教育内容―178
　　資料2　NEJのナラティブの例―182

参考文献 183
謝　辞 191
索　引 193

はじめに

　本書の主要なテーマは、これまでとは異なる代替的な言語観とそれに基づく新たな第二言語の習得と教育の原理を提示することです。ただし、代替的な言語観に基づくと言っても、言語観から直截に習得と教育の原理を導き出すことはできません。代替的な言語観を十分に理解し咀嚼した上で、その言語観の視座に沿って原理を導き出し、その視座や原理に準じた形でカリキュラムや教材を企画し実践の構成法を提案するということになります。そして、本書の目的は、結論としてそのような原理を提示することではありません。むしろ、そうした原理の基盤となる新たな言語観を読者と共有することです。

　現在の第二言語教育は、原理も原則もまたデザインもないカリキュラムと教材の下で個々の授業担当教師の器用仕事に任せるような状態になっています。端的に、アプローチ不在の状況になっていると言っていいでしょう。それはいわば第二言語教育の20世紀末的状況です。21世紀の教育改革の必要性が叫ばれている今こそ第二言語教育は、基盤となる新たな言語観を提示し、その視座や原理に基づく高度に専門的な教育実践を創造しなければなりません。そして、そのためには、カリキュラム策定者、教材開発者、プログラム・コーディネータそして授業実践者が、すべての教育的活動のバックボーンとなる強靱な言語観を共有しなければなりません。本書ではそのような言語観としてミハイル・バフチンの対話原理を提唱します。バフチンの対話原理を選んだのは、それが人間の存在形態まで視野に入れた深淵で強靱な理論であり、同時にすでに第二言語教育あるいはより広く言語教育や教育一般で注目されている理論だからです。

　バフチンをご存じの方はすでにご承知のように、バフチンの理論は難解です。ですので、本書の大部分は、バフチンの言語観すなわち対話原理について論じることに費やされます。筆者はすでに西口（2013）を出しています。

第二言語教育の関心の下にバフチン言語哲学について初めて本格的に論じた同書では、第二言語教育に引きつけつつも、ある程度時系列を辿りながらことばやコミュニケーションや心理などについてのバフチンの考えを比較的包括的に論じました。それに対し、本書では、上で述べたように第二言語教育の原理を追究するという目的の下にバフチン言語哲学を究明するという形で議論を進めました。前著では必ずしも十分には論じなかった対話原理を本格的に追求したのも本書の重要な特徴となっています。

　この本は、英語教育をはじめとする各種の外国語教育及び外国人に対する日本語教育(両者を合わせて本書では第二言語教育と呼んでいます)の研究者、教師教育者、教育実践者、大学院生等を主な読者と想定して書かれています。バフチンの対話原理を教育学的な観点から本格的に論じた本書は、第二言語教育関係者だけでなく、教育学一般でバフチンに関心を持つ方にも参考にしていただけると思います。本書が、将来の第二言語教育の企画と開発と実践の発展のために、また第二言語教育学や教育学一般の発展のために、一助となることができれば、著者としてはたいへんうれしく思います。

著　者

問題意識

第二言語教育における文法偏重の傾向

　実際の言語活動というのは、さまざまな言語事項で構成された発話で運営されています。それゆえに、コミュニカティブ・アプローチの時代を経た現在でも、言語事項を習得してそれを組み合わせてさまざまな発話を作れるようになること（及びその逆方向のことができるようになること）が基礎第二言語教育の主要な教育目標として設定され、その目標を達成すべく文法を教育内容の柱としたカリキュラムが策定されることが多いです。そして、教科書もそのようなカリキュラムに沿って用意されます。並行して、従来より、ある言語を教えるためにはその言語の文法を知らなければならないと考えられ、また、言語教育を改善するためには教師が目標言語の文法をより深く正確に理解することが有効な方策であると考えられてきました。

　このような事情で、教師による具体的な教育実践（教室授業を含む実際の学習指導全般）とりわけ基礎段階の教育実践においては、他にも語彙や音声や文字・表記など指導すべき重要な側面があることは理解されていながらも、**文法が中心的でしばしば過大な位置を占める**傾向があります。そして、教師については、**文法指導がうまくできる教師が高く評価される**傾向が強いです。直接法の伝統がある日本語教育では媒介語を使用しないで授業をすることに今でもなおこだわりがあるために、**媒介語を使わないで文型や文法事項を巧みに理解させ使えるように指導できる教師が優れた教師**として評価される傾向が現在でも残っています。日本語教育では「教育の成否はひとえに教師の教え方にかかっている」とさえ言われるほどです。基礎段階の教育でもいわゆるコミュニカティブな活動が導入されているわけですが、講師室での会話では、自身の指導の下に引き出すことができた言語活動の内容やその内容の質やその活動の中で教師が行った学習者への支援などについてはほとんど議論されず、むしろ、「あの文法事項が正しく使えない」、「動詞のこの

形がまだ身についていない」というような**文法の側面ばかりが教師間の議論の話題**とされているように思います。

　上のように論じたのは、(1)実際の教育実践の関心の中心は文法指導でよいか、(2)教育実践で文法が過大な位置を占めていないか、(3)主として文法指導の巧拙で教師が評価されてよいか、そして最後に、(4)教育の成否は「ひとえに教師の教え方にかかっている」という風潮はどうか、などの疑問を提出するためです[1]。端的に言ってしまうと、教育の中心は「文法」で、教育の成否は「ひとえに教師の教え方にかかっている」という状況は、第二言語教育の実践としてあまりにも無策であると思うのです。そして、同時に、過去約30年コミュニカティブ・アプローチというかけ声を上げながら、教師の関心が相変わらず文法に置かれているのは、教師の意識もさることながら、カリキュラムや教材の根本の開発方法にも大きな問題があるのだろうと思われるのです。

日本語教育のコンテクスト――長沼メソッドの伝統

　外国人に対する日本語教育を例としてこうした点についてもう少し論じたいと思います。

　現代の日本語教育は第二次世界大戦が終わって間もなく始まりました。しかし、日本語教授法の淵源は戦前の**長沼メソッド**に遡ることができます[2]。

　1922年、後に20世紀最大の応用言語学者と呼ばれるようになったH. E. パーマー(1877-1949)が当時の文部省の英語教育顧問として来日しました。1年後パーマーは文部省附属の英語教授研究所(The Institute for Research in English Teaching)の所長となり、所長を辞めて日本を去る1936年までの10数年間日本の英語教育の改革のために精力的に講演やセミナーを行い、

1　ただし、ここで論じたような状況は、筆者が直接に関わっている日本語教育において顕著に見られる状況であり、日本における学校での英語教育や大学での初習外国語教育で見聞きされる状況である。そのような問題は自身の教育現場ではないということであれば、それはその個別の現場ではここで指摘したような問題・課題状況がないということになる。また、CEFRに準拠した第二言語教育が普及している欧州等ではこうした文法中心の教材ではなく、「できるようになること(can-do)」を中心として編まれた教材が広く開発され出版されている。

2　以下、教授法あるいは教育方法の議論をするが、一般に特定の教授法や教育方法が論じられる場合は、普通は基礎あるいは初級段階の教育の方法についての議論となる。ここでも、一般の場合と同じく、主に基礎あるいは初級段階の教育に注目しながら議論を進めることになる。

また英語教育の理論と方法についての多数の論考や著書を著しました[3]。そのパーマーの変わらぬ協力者で共鳴者だったのが**長沼直兄**(1894-1973)です。長沼は英語が堪能で、自身も英語教育に関する論考を執筆しています。またパーマーの著作を必要に応じて日本語に翻訳しているのももっぱら長沼です。

しかし、長沼自身は、1923年から米国大使館の日本語主任教官となり、日本語教育の道を歩み始めます。長沼は、それまでなかった体系的な成人用の日本語教科書の必要性を感じ、標準的な教育課程と教科書の作成に着手しました。そして、1933年頃までに『標準日本語読本』7巻を完成し、後に日本語教授法のオーソドックスとなる長沼メソッドを確立しました。正統的な**直接法**(direct method)であるパーマーの**オーラル・メソッド**に基づく長沼メソッドは、直接法に基づく日本語教育の具現であり、長沼が提唱する教授法はまさにパーマーのそれでした[4]。

長沼メソッドの伝統は70年代まで続きました。その頃までは、「プロの教師であれば長沼メソッドを知っており、人によって多少の差はあれ、その方法あるいはそれに修正を加えた方法で教える」という状況でした。1980年頃においても「長沼メソッドを知らないで日本語を教えている人はプロではない」というような雰囲気がありました。

教授法の崩壊

70年代には、日本語教育に北米系のオーディオリンガル・メソッドの影響が及びました。やがて、長沼メソッドとオーディオリンガル・メソッドはいわば合体する形となりました[5]。しかし、長沼メソッドの言語習得観とオーディオリンガル・メソッドの言語習得観は本来相容れないものです[6]。その

---

3 現在われわれはパーマーの仕事を英語教育研究所の後身である(財)語学教育研究所編の『英語教授法事典』(1962)により知ることができる。
4 パーマーのオーラル・メソッドについては、西口(1995)の第3章(pp. 19-32)で論じられている。日本におけるオーラル・メソッドの受容については、有田(2009)の興味深い論考がある。
5 それが、『日本語の基礎』(1974、海外技術者研修協会編)とそれに続く『新日本語の基礎』(vol. 1が1990年でvol. 2が1993年、海外技術者研修協会編)、『みんなの日本語初級』(1998年、スリーエーネットワーク)、『新版みんなの日本語初級』(2012年、スリーエーネットワーク)の系譜である。
6 オーラル・メソッドでは、文型・文法事項などの提出順を綿密に考慮して開発されたカリキュ

ため、この2つが合体してできた新たな「日本語教授法」は、教授法とも言えない、**原理のない、文型・文法事項積み上げの教材とさまざまな指導技術の寄せ集めのような教育方法**となってしまいました（図1の中の「チョクセツホウ」）。1990年代には、新たにヨーロッパ系のコミュニケーション中心の言語教育いわゆる**コミュニカティブ・アプローチ**が日本語の教育方法に大きな影響を与えました。その結果、ロールプレイやペアワークやタスク活動などさまざまな学習活動が日本語の教育方法に採り入れられるようになりました。しかし、そうなっても、原理のない教育方法であることに変わりはなく、理論や原理の部分はますます脆弱になりました[7]。

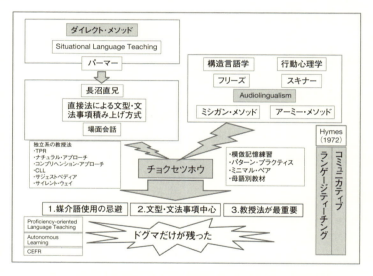

図1　日本語教授法を中心とした第二言語教育方法の概念図
※ 西口(1995)を基に作成

ラム・教材の下で、学習する言語のみを使用した緻密に計画し注意深く実施される授業を通した発話行為の観察と模倣を基礎として目標言語が習得される。これに対し、オーディオリンガル・メソッドでは、模倣記憶練習やパターン・プラクティスやミニマル・ペア練習に代表されるように、慎重な観察と模倣を基礎とした習得よりもむしろ強制的な産出とその中での有無を言わせない矯正によって強引に言語を覚えさせようとする。この点は、両極端とも言える両者の違いである。

7　こうした事情については西口(1995)のpp. 122-127を参照。

このように、日本語教育の方法は過去 40 年余りの間に、**指導技術や学習活動のバリエーションは拡がりましたが、その一方でますます原理も原則もない個々の教師の単なる器用仕事の寄せ集め**になりました。そして、そのような状況になっているにもかかわらず、大部分の日本語教育者は自分たちの方法を「直接法」と呼び続けています。直接法など、とっくの昔に形骸化しているにもかかわらず、です。

第二言語教育と第二言語教育学の危機

　このような状況は、日本語教育の個別事情はありながら、英語教育をはじめとする他の言語教育でも類似していると思います。そして、最近は、第二言語の学習と教育に IT 技術を活用することが性急に進められようとしています。適正な言語理論も言語習得の原理も指導の原理も教育デザインもないままに、です。今、第二言語教育の現状と第二言語教育学の専門性は危機的状況にあると言わなければなりません。本書は、そうした危機的状況を打開し、第二言語教育と第二言語教育学を次のステージへと導く礎を築くべく書かれています。

　本書では、現在行われている基礎日本語教育あるいは一般的に基礎第二言語教育の内容や方法をあれこれ論評することは最小限に止めています。なぜなら、一つには上で論じたような事情で現在行われている方法として特定できるような教育方法がないからです。あるいは、別の言い方をするなら、本書は、現在の基礎日本語教育や基礎第二言語教育の内容や方法に疑問や限界を感じている経験のある教師や、教師教育を担当している大学の先生方や、第二言語教育の研究者に向けて書かれています。そうした方々に、本書で提唱する新たな視座で今後の教育の企画や開発や実践の創造をそして教師教育を行い、また授業研究を含む接触場面の研究に取り組んでほしいというのが本書の趣旨だからです。

本書の概観

　第二言語の教育の方法を考える場合に、「何を」「どのように」教えるかを検討しなければならないと言われます。これまでの第二言語教育ではこの「何を」が即物的な言語事項や言語コミュニケーションに関する抽象的で一般的な知識となっていました。そしてそのような結果、「どのように」は、「個々の言語事項や一般的な知識をどのように教えるか」になってしまっていました。再びそのような事態になることがないように、新たな第二言語教育のカリキュラムの企画においては、「何を」を即物的な言語事項等にならないようにしながらも共有可能なように設定しなければなりません。そして、設定された教育内容が有効に習得されるように言語活動が構成できる教材や授業プランが企画されなければなりません。

　本書は大きく、はじめの2章と、次の5章と、最後の補章に分かれています。はじめの2章は、第二言語教育のカリキュラムの企画に関する話で、主として前者の第二言語教育で「何を」習得させるかに関連する議論となります。そして、次の5章は、第二言語の習得を有効に促進する活動に関する話で、後者の「どのように」習得をデザインし支援し促進するかに関連する議論となります。最後の補章は、しばしばバフチンと並んで論じられるヴィゴツキーとバフチンについて、マルクスからの系譜を辿りながら両者を比較してそれぞれの研究の位置づけを示そうとした論考です。そこでは、結論として、ヴィゴツキーよりもバフチンの研究が第二言語教育学の立場からは注目されると論じます[8]。以下、補章を除く第1章から第7章についてもう少し内容を説明したいと思います。

　はじめの2章では、筆者が過去数年来取り組んできた自己表現活動中心の

---

[8] 第1章と第2章は、各々西口(2015a)、西口(2015b)を一部加筆修正したものである。最後の補章は同名の西口(2014a)の再掲である。

基礎日本語教育に至る話をします。それは、バフチンの言うことばのジャンルを基盤とした基礎第二言語教育の企画と開発の一例となります。そのような文脈で、第1章ではバフチンのことばのジャンルについて、そして第2章ではことばのジャンルの視点に基づく第二言語の習得の見方について論じ、そこから基礎第二言語教育のカリキュラムの構想を導き出します。この第1章と第2章は、本書のいわば序曲です。

第3章から第5章までは、バフチンの対話原理を究明する議論となります。まず、第3章では、対話原理の「出自」とエッセンスを明らかにし、その上でそれを構成している諸要因を整理して論じます。続く第4章の作業は、実際の社会的交通の現実を第3章で論じた諸要因の「レンズ」を通して見る作業となります。そこでは、実際に行われた社会的交通と映画から抽出されたいくつかのシーンを素材として議論を行い、社会的交通は「内的発話の岸辺なき大海」(『マル言』p. 212)の延長として営まれていることなどを明らかにします。そして、第3章での議論と第4章での作業の上で、第5章の第1節では、バフチンの議論を参照しながら社会的交通が発現する基底の構造について検討し、第2節ではその基底の構造と実際の社会的交通の関係とそうした関係の中での発話の立ち現れについて論じます。そして、第3節では、第3章からそこまでの議論の総括として、対話原理に基づく超言語学（バフチンの用語ではメタ言語学）とは何かを、それまでの言語学と対比しながら明らかにします。

第6章では、どのように第二言語の習得を支援し促進するのかについて包括的に議論します。まずは、そうした議論の土俵を整備する作業として、言語現象の研究へのバフチンの貢献を整理します。その上で、第3章からそこまでの作業的なゴールとしてめざしていた第二言語の習得と教育の基本原理をまとめ上げます。第2節から第4節では、その原理を基礎として、カリキュラム・デザインの指針、教材のテクストのあり方、ユニット授業のスキーム、教材と教師の役割などについて論じます。

次の第7章は、前の章で論じた第二言語の習得を有効に促進する活動の構図でどのような社会的交通の様態が現出するか探求する一つの試みです。そこでは、接触場面の相互行為を対話原理の観点から考究し、社会的交通を通した社会的現実の立ち現れ方を検討します。そして、結論として、観察され

る社会的交通の現実態は複言語的な意識の対話的アリーナの上に構成されているものであり、第二言語教育のための研究としては観察される現象の背後にある現実を明らかにすることこそが重要であることを指摘します。また、教育への示唆として第二言語の最近接発達の領域（zone of proximal second language development）という見方を提起し、そうした領域を第二言語の習得と習得支援の重要な契機と見て、カリキュラムの企画や授業の実践を行わなければならないことを提案します。

　以上説明したように本書は少し手の込んだ構成になっています。読者には、この構成を意識しながら最初から読み進んでいただいてもかまいませんし、自身の関心やこれまでの教育経験や研究背景に合わせて適当なところから読み始めていただいてもかまいません。副題となっている、第二言語教育におけるバフチン的アプローチについて手っ取り早く知りたいという読者は、第2章と第6章から読み始めていただくとよいかと思います。
　読んでいただくときの便宜のために、本書では随所で本書内の参照先を示しました。また、バフチンやマルクスからの引用などについては、参照の便宜のために前著（西口, 2013）での引用箇所も示しています。

凡　例

　前著の場合と同様に頻繁に引用するバフチンとヴィゴツキーの著作については以下のように略称した。ヴィゴツキー(1934/2001)の『思考と言語』については書名が短いのでそのままの名称を用いている。本書では、冒頭の文献以外は、日本語訳を参照し、必要に応じて英語訳も見た[9]。出版年が複数示されている場合は、前者が原著出版年あるいは執筆年で、後者が邦訳出版年である。

- 『マルクス主義と言語哲学』(バフチン, 1929/1980) ⇨ 『マル言』
- 「ことばのジャンル」(バフチン, 1952-53/1988) ⇨ 『ジャンル』
- 「行為の哲学によせて」(バフチン, 1920-24/1999) ⇨ 『行為』
- 「生活のなかの言葉と詩のなかの言葉」(バフチン, 1926/2002) ⇨ 『生活』
- 『フロイト主義』(バフチン, 1927/1979) ⇨ 『フロイト』
- 「芸術のことばの文体論」(バフチン, 1930/2002) ⇨ 『芸術』
- 『小説の言葉』(バフチン, 1934-35/1996) ⇨ 『小説』
- 「ドストエフスキー論の改稿によせて」(バフチン, 1961/1988) ⇨ 『改稿』
- 『ドストエフスキーの詩学』(バフチン, 1963/1995)[10]
  　　　　　　　　　　　⇨ 『ドストエフスキー論』

9　冒頭の『マルクス主義と言語哲学』については、アレクセイ・バルキン氏(元大阪大学客員研究員、言語心理学)の協力を得て、北岡訳(1980)と桑野訳(1989)という2つの邦訳と、英語訳とロシア語原典を比較対照してその内容を確認した。2つの邦訳では北岡訳のほうが原著の趣旨をよく反映していると判断されたので、本書ではもっぱら北岡訳を参照している。ちなみに北岡訳は『言語と文化の記号論─マルクス主義と言語の哲学』とロシア語原典とは異なる主タイトルを掲げているが、本書では北岡訳も含めて同書について言及するときは『マルクス主義と言語哲学』、略して『マル言』という名称を使用している。

10　本書はバフチン(1929/2013)の第2版(増補改訂版)となっている。初版と第2版には重要な違いがあり、その点については第3章で論じる。

・『思考と言語』（ヴィゴツキー, 1934/2001）
　　　　　　　⇨ 『思考と言語』（略称にせずそのまま）

　本書では、「わたしたち」を人間一般を指す言葉として、そして「われわれ」を研究者一般を指す言葉として使用している。また、3人称の代名詞についてはジェンダー・フリーとなることを意図して、不十分ながら、「かれ」あるいは「かれら」としている。

第1章

ジャンル論のエッセンス

はじめに

　第二言語教育の教育内容として直接に言語事項を学ぶことを挙げるのは忌避される傾向がコミュニカティブ・アプローチの普及以降顕著になっている。そして、その代わりとして、「誘う」「依頼する」などの実用的な言語活動や「できること」が教育内容として挙げられるようになった。しかしながら、現在のところ、実用的な言語活動や「できること」の習得と言語事項の習得が相互にどのように関連するのかについての議論は十分になされていない。その議論は、第二言語教育において「何を」習得させるかについての理論的な考察を必要とする。本章と次章では、そのような理論的な考察を行う。そして、次章の第3節と第4節では、そこまでの議論を踏まえた上での基礎第二言語教育のカリキュラム構想の一つを提示する。

　本書では、新たな第二言語の習得と教育の原理を導き出す土台となる代替的な言語観として、ミハイル・バフチン（Mikhail Mikhailovich Bakhtin、1895-1975）の対話原理を採り上げる。本章では、上のような文脈で、バフチン対話原理の中の重要概念であることばのジャンルを中心に論じる[1]。まずはじめに、ジャンル論の背景にあるマルクスの人間観と意識論から出発し、ことばのジャンルというアイデアのモチーフを明らかにする。次に、ことばのジャンルという視点を概観した上で、その中心部分を例を挙げつつあ

---

[1] バフチンがどのような人物であるかについては、西口（2013）のプロローグ（pp. 3-5）を参照してほしい。また、バフチンは従来の言語観を言語を規範的に自己同一的な言語形態の体系（system of normatively identical forms）として見る見方であると批判している。こうしたバフチンの批判については、同書の第2章（pp. 21-43）にまとめている。

ぶり出す。また、Linell（2009）の状況的相互行為と超状況的実践という概念を援用してことばのジャンルと発話の関係を明らかにする。第4節では、ことばのジャンルに関連して、言葉と対象の対話的形成という現象について論じる。最後の第5節では、本稿での議論で明らかになったジャンル論のエッセンスをまとめ、同エッセンスの意義について述べる。

1. 感性的世界としての意識

1-1　マルクスの人間観

　マルクスが人間観や意識論を展開しているのは、主として若き日の著作の『ドイツ・イデオロギー』（マルクス/エンゲルス, 1845-46/2002、以下『ド・イデ』と略称）や「フォイエルバッハに関するテーゼ」（マルクス, 1844-47/2002）や『経済学・哲学草稿』（マルクス, 1844/2010）などである。本書では主として『ド・イデ』を参考にすることになる[2]。

　『ド・イデ』を辿ることから始めよう。マルクスは『ド・イデ』の序論の第一草案で次のように論じている。

> 　人間史全般の第一の前提は、いうまでもなく、生きた人間諸個人の生存である。これらの諸個人が自らを動物から区別することになる第一の歴史的行為は、彼らが思考するということではなく、彼らが自らの生活手段を生産し始めるという、ことである。…人間は、意識によって、宗教によって、その他お望みのものによって、動物から区別されうる。人間自身は、自らの生活手段を生産し始めるや否や、自らを動物から区別し始める。…人間は自らの生活手段を生産することによって、間接的に自らの物質的な生そのものを生産する。（『ド・イデ』pp. 25-26、本章の引用中の強調はすべて原著、以下同様）

　これがマルクスの人間を見る基本的な視座である。すなわち、人間が思考すること、意識をもっていること、宗教を発達させていることその他で、人

---

[2] 本書では、これらいずれの文献も邦訳での著作名で言及している。また、『ド・イデ』はエンゲルスとの共著となっているが、ここでは便宜上マルクスの著作として論を進めている。

間を動物から区別することを認める。しかし、人間が自身を動物から区別する決定的な瞬間は、人間が自身のために元々の自然的なものでない生活手段を生産し始めたときだと言う。原始の人間は自然的に与えられた身体と生理機構と本能でナマの自然と対峙して生きていた。そうした人間は群棲することを通してやがて自然のままの生き方よりも便利で都合よく生きる方法を発達させた。それがここに言う「自らの生活手段を生産し始め」たということである。そして、重要なことは、そのような自然のままよりも便利で都合のいい生きる方法は世代から世代にまたがって再生産される。再生産されるというのはどういうことか。それはそうした生きる方法が具体的な状況の個別性を超えて一般的な方法として引き継がれるということである。そして、後の世代は先行する世代からそうした生きる方法を引き継いで自身たちの具体的な状況でそのように生を営むということである。最後の一文に（　）で注釈を加え一部言い換えると、「（後世の）人間は（先行する世代から引き継いで現在は自身のものとなっている）自らの生活手段（つまり生きる方法）を自身の生活として営むことによって、つまりそのような生活手段・生きる方法を媒介として自らの物質的な生そのものを生産する」となる。これが、動物とは異なり、人間は「生産活動を営む存在者」である（廣松, 1990, p. 26）というマルクスの人間観の基本なのである。

1-2　具体的で物質的な生活過程と意識

次にマルクスは意識について議論する。

> 意識とは意識された存在以外の何ものでもありえない。そして、人間の存在とは、彼らの現実的な生活過程のことである。…現実に活動している人間たちから出発し、そして彼らの現実的な生活過程から、この生活過程のイデオロギー的な反映や反響の展開も叙述される。人間の頭脳における茫漠とした像ですら、彼らの物質的な、経験的に確定できる、そして物質的な諸前提と結びついている、生活過程の、必然的な昇華物なのである。（『ド・イデ』pp. 30-32）

第1文は、意識とはその意識に関連する当該の存在であるとの主張であ

る。次の文で、マルクスは、人間の存在というのは人間が実際に生きている過程であると言う。そのように措定した上でマルクスは、意識すなわち「生活過程のイデオロギー的な反映や反響の展開」は、そのように「現実に活動している人間たちから出発し、そして彼らの現実的な生活過程」から叙述されると主張する。そして、そのような意識はもちろんのこと、明瞭な意識となる以前の「茫漠とした像」も、「物質的な、経験的に確定できる、そして物質的な諸前提と結びついている、生活過程の、必然的な昇華物」だと言う。そして、こうした主張はしばしば引用される以下の定理へとつながる。ちなみに、下の引用の第一文を廣松(1990)は「私の四囲に関わる私の関係が私の意識である」と訳している。

　　　私の環境に対する私の関係が私の意識である。ある関係が実存するところでは、それは私にとって実存する。(『ド・イデ』p.58)

　上の2つの引用から以下のことが明らかになる。意識とは具体的な物質的な生活過程が質を変えて現れたもの(昇華物)である。生活過程とは、「わたし」が「わたし」の四囲と関わって行っている生きることの営みである。そして、時々刻々変化する「わたし」の四囲に対する(同じく時々刻々変化する)「わたし」の関係が「わたし」の意識の内実である。人間の本質は、社会的諸関係の総体なのである(フォイエルバッハの第6テーゼ、マルクス, 1844-47/2002, p. 237)。そして、忘れてはならないのは、1-1で論じたように、その生活過程は自然的人間のままの生活過程ではなく、「生産活動を営む存在者」である人間が人間のために作り上げ(再)生産している生活活動としての生活過程であり、それゆえに「わたし」と四囲との関係も自然のままの関係ではなく、人間特殊的な生活手段的な関係あるいは生産的な関係となる。

　このように人間は、自身が創発した歴史的な生活手段つまり生きる方法に基づいて自然と関係を結びながら具体的な生活活動や生活過程を(再)生産し続ける動物である。上の引用に続いてマルクスが言っているように「動物は何に対しても『関係する』ことがなく、またそもそもそうすることをしない。動物にとっては他のものに対する関係は関係としては実存しない」

(『ド・イデ』p. 58)。このような人間の存在形態の見方を廣松は関係主義的存在観(廣松, 1990, p. 39)と呼んでいる。

マルクスは、このようにわたしたちが意識として知る世界のことを感性的世界と呼び、その師フォイエルバッハはそのような感性的世界に注目していないと批判している(『ド・イデ』p. 44)。次節では、関係主義的な存在における意識＝感性的世界についてのマルクスの見解をさらに見る。

2. ジャンル論のモチーフ

2-1　意識と音声──人間におけることばの発達

マルクスの盟友であるエンゲルスは『自然の弁証法』に収められているエッセイ「猿が人間化するにあたっての労働の役割」で、人間におけることばの発達について次のように論じている。

> 猿に似たわれわれの祖先は集団的な動物だった。…労働の発達は必然的に社会の諸成員をたがいにいっそう緊密に結びつけることに寄与した。すなわち労働の発達によって相互の援助、共同でおこなう協働の機会はより頻繁になり、社会成員各個にとってのこのような協働の効用の意識はいよいよはっきりとしてきたからである。要するに、生成しつつあった人間は、たがいになにかを話しあわなければならないところまできたのである。欲求はそのための器官をつくりだした。すなわち猿の未発達の咽頭は、音調を変化させることでいっそう音調変化を向上させることにより、ゆっくり、だが確実に改造されてゆき、口の諸器官は区切られた音節を一音ずつつぎつぎと発音することを次第に習得していった。(エンゲルス, 1876/1968, pp. 484-485、西口, 2013, p. 81)

エンゲルスの主張の中心は、ことばは労働の中から発達したということである。集団で協同して活動する人間たちが最初に使った「ことば」はさまざまな音調の「ウー」とか「オー」などのうめき声あるいは叫び声であっただろう。そして、活動の組成が複雑になるにつれてそれに従事する人間たちの意識＝感性的世界もより精細に組成されるようになり、活動に伴う声も調音

器官を使って作り出される子音も編入されて分節化が進んだ。そして、特定の種類の活動における特定の局面の意識と特定の分節音が徐々にしかし着実に融合していった。これが人間におけることばの誕生についてエンゲルスが描くストーリーである。

このように展開できることば誕生のストーリーをマルクスは意識と音声との関係にのみ焦点化して以下のように論じている。

> それ(意識、筆者注)はしかし、もとより「純粋」意識としてではない。「精神」はそもそもの初めから物質に「取り憑かれて」いるという呪いを負っており、ここでは物質は運動する空気層、音、要するに言語という形で表れる。言語は意識と同い年である。(『ド・イデ』pp. 56-57)

労働の発達と意識＝感性的世界の発達の関係についての見解をエンゲルスと同じくするマルクスは、意識＝感性的世界は誕生の最初から声と共にあると主張しているのである。そして、この見方は、意識の記号による媒介性のモチーフとして、バフチンとヴィゴツキーに引き継がれている（西口, 2014、本書の補章）。さらにマルクスは続ける。

> 言語は、実践的な、他の人間たちにとっても実存する、それゆえに私自身にとってもまた実存する現実的な意識である。そして言語は、意識と同様、他の人間たちとの交通に対する欲求と必要から、初めて生じる。(『ド・イデ』p. 57)

つまり、意識は一人の人間単独で持つことができるものではなく、集団で活動する人間たちにおいて他の人間たちにとって実存するがゆえに「わたし」においても実存する実践的な現実的意識である。そして、一つ前の引用中の「言語は意識と同い年である」というのは、**ことばは協働的に活動する人間たちにおいて実存する実践的な現実的意識の具象化として意識＝感性的世界の発達とともに発達した**という趣意となる。

2-2 マルクスの意識論とジャンル論

　こうしたマルクスの意識とことばに関する見解はそのままバフチンに引き継がれている。ことば＝記号に主な関心を置くバフチンは、前節で論じた意識やその内実である関係を「イデオロギー送受のコミュニケーションの論理」(『マル言』p. 21)と捉え、マルクスの見解を一般化して、文化・イデオロギー現象の現実つまり文化的に生きるわたしたちにとっての現実の存立の仕方を、社会＝経済的な基盤と社会的交通(以下の引用では社会的コミュニケーション、ロシア語ではsotsialnoe obschenie、集団で協働的に活動する人間たちの接触・交流の意)と言語的交通(ロシア語ではrechevoe obschenie、verbal communication)との連関関係に基づいて以下のように描いている。

> 　イデオロギー現象の現実〔文化〕とは、社会的な記号の客観的現実です。さらにいえば、この現実〔文化〕の法則は、記号によるコミュニケーションの法則でもあります。コミュニケーションの法則は、さらに社会＝経済的な諸法則の総体によって、直接に規定されています。…イデオロギー現象とその法則とは、社会的なコミュニケーションの諸条件・社会的なコミュニケーションの諸形態にしっかりと結びついているものだと考えました。記号の現実の在り方は、この社会的なコミュニケーションによって余すところなく規定されております。なぜなら、記号という存在は、このコミュニケーションが物象化された結果にほかならないからです。(『マル言』pp. 22-23、西口, 2013, pp. 10-11、〔 〕内は訳者の補充)

　このような文化・イデオロギー現象の現実の存立形態を図式化すると図2のようになる。

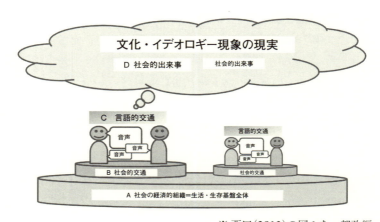

※ 西口(2013)の図1を一部改編
図2　ことば＝発話と文化・イデオロギー現象の現実

　図2は、社会の経済的組織(A)を基盤として社会的交通(B)が営まれ、その中で具体的な言語的交通(C)が行われることを示している。そして、わたしたち人間にとっての現実というのは、そのような連関の中にあることば＝発話によって示される実践的な現実＝社会的出来事(D)であり、その総体が文化・イデオロギー現象の現実だということを表している。こうした事情は、原始の時代における人間の共同的活動を想像するとわかりやすい。原始においては、社会的交通は、緩やかに組織された狩りや日常生活の特定の局面として行われた。そして、そうした社会的交通を首尾よく運営するために言語的交通が行われた。原始における緩やかに組織化された活動といえども、それはすでに自然的な活動ではなく、社会文化的な活動となる。ゆえに、それに従事する人間は、特定の社会文化的な活動として特定の種類の社会的交通と言語的交通に従事することになる。
　このような認識を背景としてバフチンはことばのジャンルというアイデアを提示する。

　　　人間のさまざまな活動領域のすべてが、言語の行使とむすびついている。
　　　…これらの発話は、それぞれの活動領域の特殊な条件と目的を、…なによりもまず、〔発話の〕構成に反映しているのである。…個々の発話は、もち

ろん、どれも個性的なものだが、しかし言語の行使のどの領域も、われわれが**ことばのジャンル**と呼ぶところの、**発話の相対的に安定した諸タイプ**をつくり上げているのである。(『ジャンル』pp. 115-116、西口, 2013, p. 82)

　このようにバフチンはマルクスの人間観と意識論を基盤としてジャンル論を展開しているのである。

3. ことばのジャンル再考
3-1　ことばのジャンルと日常的な相互行為

　ことばのジャンルについてバフチンは、(1) 人間のさまざまな活動領域のすべてが言語の行使と結びついている、(2) 言語行使の仕方はそれぞれの活動領域の特殊な条件と目的を発話の構成に反映している、(3) 言語の行使のどの領域もことばのジャンルと呼ぶところの発話の相対的に安定した諸タイプを作り上げている、と論じている(『ジャンル』pp. 115-116)。つまり、ことばのジャンルは、言語的交通の典型的なそれぞれのシチュエーション、典型的なそれぞれのテーマに、したがってまた、語の意義と具体的な現実とが典型的な状況において取り結ぶ何らかの典型的な接触に、それぞれ対応している(『ジャンル』p. 166、西口, 2013, p. 83)、となる。こうした論点は、図3のように社会の経済的組織と社会的交通と言語的交通の連関構造という見方に集約することができる(西口, 2013, pp. 11-12)。つまり、発話の仕方すなわちことばのジャンル(C)は、社会の物質的な経済的組織(A)の上で営まれる人と人の間で行われる社会的交通(B)と連関しているとの見方となる[3]。

---

[3]　そして、図3は、発話(X)は言葉遣い(Y)という形態を持っており、言葉遣いは言語事項(Z)に分解できることを示している。

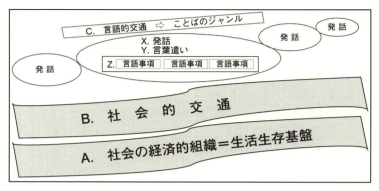

図3　社会の経済的組織と社会的交通と言語的交通とことばのジャンル

　ありきたりの日常的な相互行為をことばのジャンルの視座に基づいて見てみよう。現在では少なくなったが八百屋での相互行為を例として検討を進める。

　八百屋というのは主として野菜という種類の生鮮食料品を入手する場所である。わたしたちは日常的な活動の一つとして八百屋に足を運んで必要な野菜を購入する[4]。プロトコル1はそのようなわたしたちの日常的な活動(社会的交通)と関連したごく普通の言葉のやり取りの様子を示したものである。

　　プロトコル1　客が店頭に並んでいる「深緑の野菜」を買う(作例)
　　　Gが店員で、Cが客。
　　01C：（店頭まで進む）
　　02G：いらっしゃい。
　　03C：（目当ての深緑の野菜を見つけた風で）シュンギク、一つ、ください。
　　04G：はい、シュンギク、一つ。
　　　　　はーい（深緑の野菜を包む）、どうぞ。150円になります（手渡す）。
　　05C：（お金を払う）

---

[4]　このような場面説明の中にすでに特定の社会制度(商品経済や貨幣経済や生産と流通の分離など)やその中の要素(小売店の一種としての八百屋、商品としての野菜など)が含まれていることにも注意しなければならない。わたしたちは特定の設えで物が並んでいる具体的で個別的な店に行くわけであるが、それは「一般的な八百屋」の一事例であり、だからこそわたしたちはそこで適正に振る舞うことができるのである。

06G: ありがとうございます。

　このような八百屋での相互行為は、もちろん、店の特性（庶民的な八百屋か高級志向の店か）や購入する野菜の種類や量や、購入するときの客と店員と目的の野菜との配置などによって変化するだろう。そのようなバリエーションがあるとしても、わたしたちは共通的な日本語を行使してそのような相互行為に首尾よく従事することができる。それは、わたしたちがそのような場所を知っているからであり、そこで行われる社会的交通（接触・交流）をよく知っているからであり、その中で使われることばや話し方を熟知しているからである。プロトコル1の客や店員を含むわたしたちは、社会の物質的な経済組織の上で営まれる人と人の間で行われるこの種の社会的交通とそれに連関する発話の仕方を知っているのである。だからこそ、プロトコル1のようにそこでの相互行為もつつがなく運営されるのである。

3-2 「普通」がずれるとき
　八百屋というものは関東と関西を比べた場合に大きな違いはないであろう。もちろん、店員が話す日本語のアクセントは多くの場合異なるであろうが。ここで、関東でまったく暮らした経験がない関西出身の人が関東で暮らし始めて間もなく八百屋に、先と同じ「深緑の野菜」を買いに行ったとしよう。ここでの前提には、その人が「shun-giku」という野菜を知らないということが含まれる。

　プロトコル2　関西から来た人が「深緑の野菜」を買う（作例）
　　Gが店員で、Kが客。
01K：　（店頭まで進む）
02G：　いらっしゃい。
03K：　（目当ての深緑の野菜を見つけた風で）キクナ、一つ、ください。
04G：　…ああ、シュンギクですね。
05K：　えっ？シュンギク？　（指さして）これ、キクナ、ちょうだい！
06G：　はーい（深緑の野菜を包む）、どうぞ。シュンギク、一つ、150円ね（手渡す）。

07K：　（お金を払いながら、小声で）シュンギク？？？
08G：　ありがとうございます。

　目当ての深緑の野菜を見つけたKは自身のこれまでの習慣に基づく当然として「キクナ、一つ、ください」と言う。その音声の発生位置から「kikuna」というものを要求されたことをGはわかるが、客から「kikuna」というものを要求されることはめったにないので一瞬戸惑う（04G）。しかし、すぐに、これまでの経験から「シュンギク」のことを「キクナ」と言った客がいることを思い出し、またそのときのやり取りなども思い出して、「ああ、シュンギクですね」との発話とともに、客が目の前にある「シュンギク」を買いたいことを自身及び相手に確認する。一方、それを耳にした、「shun-giku」という野菜を知らないKは、自分がほしいのは「キクナ」なのに「シュンギクですね」と言われて「えっ？シュンギク？」と戸惑って、再度、深緑の野菜を指さして「これ、キクナ、ちょうだい！」と少し強い調子で言う（05K後半）。その後、店員は「はーい」という承知の符牒とともに深緑の野菜を包み、Kにそれを手渡す。そして、意地悪ではなく自身の自然に基づく習慣の勢いで「シュンギク、一つ、150円ね」と口にする。客のほうは、自身がほしかった野菜を手に入れることはできたが、自身の「自然な」買い物の仕方が思うようにできなかったために、野菜を引き取りお金を払いながらも憮然となる（07K）。

　プロトコル2の例を、当該の「深緑の野菜」のことを、関西では「kikuna」と言い、関東では「shun-giku」と言うだけのことではないかと単純に説明することは容易である。しかし、Kにとっては当該の「深緑の野菜」は「キクナ」としてK（及びその家族や友人や住んでいた地域の人たち）にとって生活の一部となっている。総菜屋ではエビ天やイカ天と並んで「キクナの天ぷら」を買うし、うちで天ぷらをするときも「キクナの天ぷら」を揚げる。家族ですき焼きをするときには「そろそろキクナ、入れよか」というようなやり取りが行われるし、「キクナのおひたし」や「キクナのごま和え」なども日常的に食卓に上る。それらを「シュンギク」と言い換えることは、Kにとっては自身の皮膚感覚ともなっている対象が否定されるような感覚を引き起こす受け入れがたい提案なのである。

上の例は、バフチンがことばのジャンルとして提案している言語観の重要な側面を浮き彫りにしている。つまり、ことばあるいは話し方というのは本来、生活の中のあれこれの対象を見る視点やそれに関わる意識が染み込んだ音声形態である（Hall, 1995, p. 208、西口, 2013, pp. 103-105）。そして、日常的な会話や例のような接客場面では、同じスピーチ・コミュニティに属している対話者の間では相互行為はつつがなく運営されるのである。「同じ」ことばや話し方が双方にとって「普通」だからである。その一例がプロトコル1である。しかしながら、経済的組織と社会的交通は類似しているが異なるスピーチ・コミュニティに属する二人が「同じ」社会的交通に従事するときには、コミュニケーションに齟齬が生じる。対話者の間でことばや話し方の「普通」が異なるからである。プロトコル2がその例である。

　プロトコル2をさらに検討してみよう。プロトコル2では、表面的には03Kと04Gの間で齟齬が起こっている。しかし、02Gですでに齟齬が発生している可能性がある。大阪を中心とした関西地方では、02の部分は「いらっしゃい、まいどー」となることが多い。Kにとってその言い方が「普通」であるならば、Kは02Gの言い方に物足りなさを感じたであろう。また、最後の08は広く「まいど、おおきに」である。ここも「『ありがとうございます』はデパートの店員などが言う言葉でしょ」との違和感がわくであろう。こうしたことが生じるのも、Kの「普通」とGの「普通」にズレがあるからである。

　ことばのジャンルというアイデアは、こんな時つまり特定の経済的組織の基盤の上のこんな種類の社会的交通ではこのような言葉遣いでこのように相互行為が進行するという「普通の」話し方のことである。ただし、それは固定的な特定の話し方ということではなく、相互行為の柔軟性を可能にする自由度とバリエーションが内包されている（Holquist, 1990, pp. 59-60、邦訳 pp. 86-88）。「普通」とカギ括弧付きにしているのはそのためである。そして、ことばのジャンルは、生活感覚の一般的な表象であり、生活感覚の一般的な具象体なのである。心は、従事する活動に準じて世界を感性的に象って、自身の内容である心理とする。その際に、ことばのジャンルは、そのような心の動きの制御機構として働いて、「解」を供与するのである（西口, 2013, pp. 108-109）。

3-3 ことばのジャンルと超状況的実践

　ことばのジャンルのことを、いわゆる社会言語的知識のように場面の条件によって規定される適切な話し方というふうに捉えるのは適当ではない。ことばのジャンルは言語研究の対象を指し示しているのではないし、言語教育で扱うべき新たな知識領域を示しているのでもない。それは、人間の心理と言語と社会的交通と社会的現実の構成などを考究するための理論的な概念である。ことばのジャンルを考える場合に重要なのは、3-1で論じたような社会の経済組織と社会的交通と言語的交通の連関構造においてそれを見ることである。そのように見れば、自ずとことばのジャンルの性質も理解できるだろう。

　ことばのジャンルという見方は、バフチンも論じているように、現実の相互行為を一つのドラマとして見る見方である(『生活』pp. 31-32、『フロイト』p. 151)。その見方では、主体が他者との相互行為に実際に従事するというのは、他でもない特定の相互行為のドラマに従事することとなる。そして、その相互行為は周囲に存在する舞台装置と関連しており、対話者は当該のドラマの登場人物となる。

　一方、周囲にある舞台装置は個別的で具体的でありながら特定の種類のドラマの舞台装置として一般的な性質をも持つ。また、対話者も間違いなく個別的で具体的でありながら、特定の種類のドラマの特定の種類の登場人物という一般的性質をも持つ。そして、対話者たちが行う発話も具体的で個別的でありながら、そのドラマにふさわしいシナリオを展開しセリフを行使することにおいて超状況的な一般的な性質を持つのである。このように、バフチン自身は明確には論じていないが、発話を含む人間の実際の活動や行為はいずれも、Linell(2009)が言うように、 具体的で個別的な状況的相互行為(situated interaction)でありつつ、同時に社会歴史的な一般性としての超状況的実践(situation-transcending practice)の側面をも有する[5]。つまり、発話というのは、唯一でありつつ、特定の種類の発話行為の一事例となるのである。そして、そのように見ると、ことばのジャンルというのは、発話に伴う超状況的な側面について言ったものであることがわかる。Hall(1995)はこ

5　Holland(1998)は、後者に対応して文化的形態(cultural forms)という概念を提起している。

とばのジャンルのそのような性質を捉えて、ことばのジャンルをプロトタイプ的な言語行使と説明している（Hall, 1995, p. 208、西口, 2013, pp. 103-105, 107-109）。

関連で言うと、バフチンの言う発話（vyskazyvanie）や（ことばのジャンルの中の）ことば（rech）も、言語研究の対象とされる実体としての言葉ではなく、現実の個々で唯一の発話行為（utterance act、Linell, 2009）のプロセスとその産物を合わせたものを指している。

4. 言葉と対象

4-1　言葉と対象の対話的形成

対話原理をめぐる議論でバフチンはしばしば「話者はアダムではない」ということを言っている（『ジャンル』pp. 178-179、『小説』pp. 43-45）。この点はバフチンの言語哲学を考える上で重要なポイントである。まずは、『ジャンル』の中の一節を見てみよう[6]。

> 話者のことばの対象は、その対象がどんなものであれ、その発話のなかで初めてことばの対象になるのではないし、その話者が初めてそれについて語るのでもない。…話者は、無垢なまだ名前をもたぬ対象のみを相手にして、最初にそれらを命名する聖書の中のアダムなのではない。（『ジャンル』p. 178）

この行では、どんな話者も無垢な名前を持たない対象に出会うことはなく、どのような対象もすでにその対象について語った他者の発話があって、その発話の中の要素として初めて対象と出会い同時に対象を知るということが論じられている。そして、言うまでもないことだが、そうした他者のことばには、それを行使した話者の観点や世界観や意識などが染み込んでいる（Hall, 1995, p. 208、西口, 2013, pp. 103-105）。

---

[6] バフチンは発話や発話の中のことばを指す用語として、『ジャンル』ではもっぱら"rech"を、そして『小説』ではもっぱら"slovo"（言葉）を使っている。本節で「言葉」（slovo）がしばしば使われているのはその影響である。しかし、バフチン自身両者を厳密に使い分けてはいない。

バフチンはまた別の箇所で、「対話的な言葉の定位は、…あらゆる生きた言葉の自然な志向である。対象へのどのような途上においても、あらゆる方向で言葉は他者の言葉と出会い、その他者の言葉と生き生きとした緊張した対話的相互関係に入らないわけにはいかない。最初の言葉と共に、まだ語られていない無垢な世界に近づいた神話のアダム、孤独なアダムだけが、対象におけるこの他者の言葉との対話的な相互定位を実際に最後まで免れることのできた唯一の人間であった」と先の一節と同趣旨の主張をした上で、以下のように論じている。

> 言葉は、対話の中で生きた応答として生まれる。言葉は、対象にすでに棲みついている他者の言葉と対話的に作用し合う中で形を与えられる。言葉は対話的な仕方で自己の対象の概念を形成するのである。(『小説』p. 45、英訳を参考にして筆者改訳)

この部分は英訳では次のようになっている。

> The word is born in a dialogue as a living rejoinder within it; the word is shaped in dialogic interaction with an alien word that is already in the object. A word forms a concept of its own object in a dialogic way. (Bakhtin, 1981, p. 178)

特定のスピーチ・コミュニティで現在通用している言葉というのは、いずれもどこかの時点で誰かがある活動の脈絡の特定の発話の中で使い始め、やがてそのスピーチ・コミュニティに普及したものと考えられる。ある言葉が通用しているというのは、対話の中でその言葉が行使されたときにその言葉に該当する対象が認められて次の応答が行われるということである。言葉がそのようにスピーチ・コミュニティの中で通用するようになるためには、対話的相互行為の歴史に鍛えられなければならない。ある脈絡の中で行使された発話の中の新規の言葉は、はじめは耳慣れない言葉で応答が不可能な言葉である。しかしながら、対話的相互行為の歴史を積み重ねることで言葉はスピーチ・コミュニティのメンバーの間で一定の対象や概念を形成して、生活

感覚が染み込んだ応答が可能な言葉となっていく。

　新しい語の誕生と普及を考えるとわかりやすい。例えば、まだ e メールが普及し始めた頃には、まだを e メールをしていない人は、すでに e メールを使用することが生活の一部となっている人から特定の脈絡から向けられた「また、メールします」や「後でメールで知らせます」などという発話に「乗る」ことができず、自身の不調法を幾分恥じらいながら戸惑いぎみに応答するしかない。そもそも e メールというのがどのようなもので、それが生活の一部になるというのがどのようなことか理解できないからである。しかし、自身も「メール生活」を始め、そうした発話を繰り返し向けられると、そうした発話を自然に受け入れて応答できるようになる。そして、そのような新規の相互行為経験がスピーチ・コミュニティのあちらこちらで連鎖反応的に起こることで、人々の対話の中で「メール」という言葉とその対象が広く一般的に共有され、「メール」は生活感覚が染み込んだ言葉となって普及する。こうした事情は単語だけでなく、言葉遣いに関しても同様である。例えば、「（あの人）ゆるいねえ」という言葉遣いは 10 年ほど前から言われ始め急速に普及した言葉遣いである[7]。

5. まとめ — ジャンル論のエッセンス

　本章での議論を通してことばのジャンルに関して明らかになった諸点を簡潔に箇条書きでまとめることにする。

(0) 社会の経済的組織を基盤として社会的交通が営まれ、その中で具体的な言語的交通が行われる。文化・イデオロギー現象の現実つまりわたしたち人間にとっての現実は、そのような連関の中にあることば＝発

---

[7] バフチンは、ことばの対話的定位の祖型をことばの原初的対話性に求めている（『小説』p. 38）。原初的対話性とは、日常的な相互行為に見られる最も純粋な対話的特性のことである。茂呂は、その特性とは「私とあなたが話し聞くというありふれた日常会話に実在する『能動的な応答』（『ジャンル』p. 131）である」（茂呂, 2002, p. 136）と説明している。茂呂は続ける。

　　原初的な対話の場で、話し手と聞き手は相互に依存する。私が発話を終えられるのは、あなたの能動的な返答のおかげであり、私が話しはじめられるのはあなたが発言の席を譲ってくれたからでもある。…何れにせよ、返答は対話を生み出し、聞き手は話し手に替わる。（茂呂, 2002, p. 136）

話によって示される実践的な現実である。ことばのジャンルのモチーフとなるこのような認識は、マルクスの関係主義的存在観とそれに関連した意識論に由来する。

(1) 人間の活動領域はいずれも、ことばのジャンルと呼ぶところの発話の相対的に安定した諸タイプを作り上げている。ことばのジャンルは、言語的交通の典型的なそれぞれのシチュエーション、典型的なそれぞれのテーマに対応している。

(2) ことばのジャンルとは、特定の種類の社会的交通(人と人との接触・交流)ではこのような言葉遣いでこのように相互行為が進むという「普通の」話し方あるいはプロトタイプ的な話し方である。

(3) 発話は具体的で個別的な状況的相互行為でありつつ、同時に社会文化史的な一般性としての超状況的実践の側面をも有する。ことばのジャンルは、発話の超状況的側面について言ったものである。

(4) どんな話者も、他者の発話の中の要素として初めて対象と出会い、そして対象を知る。

(5) 言葉の対象はそれとして独立的に存在するものではなく、対話の中においてこそ存立する。

この中で(0)は、ことばのジャンルという視座の背景となっている文化・イデオロギー現象の現実についての認識と、ことばのジャンルのアイデアの由来を言ったもので、いわばジャンル論の背景となる。ゆえに、ジャンル論のエッセンスとしては(1)から(5)ということになる。

バフチンは言語について包括的に論じた最初の著作である『マル言』でソシュールのラングの言語観を執拗に批判している。そして、その25年後に書かれた『ジャンル』で自説であるジャンル論を本格的に展開している。両書で展開されている議論を読むと、結局バフチンは「ラングの言語観から離れて言語本来のあり様に戻って言語のことや言語を使ってわたしたちがしていることを考えよう。そうすれば、文芸批評ももっと本質を穿つことができるし、人と人とのコミュニケーションの様態や人間そのものの存在形態や社会的現実の様態などももっと深く究明することができる」と一貫して主張しているように思われる。そして、バフチンが本来のあり様に戻って言語を見

ようとする場合の根本の視座が対話原理(dialogism)である。バフチンのジャンル論もそうした対話原理の一部としてある。上の(1)から(5)はジャンル論の簡潔なエッセンスであるが、本来のあり様において言語を見る場合の重要な視座の一部となっている。

第2章

ことばのジャンルと基礎第二言語教育のデザイン

はじめに

　前章では、ことばのジャンルというアイデアのモチーフから論を起こし、ことばのジャンルのいくつかの重要な側面について論じ、最後にそのエッセンスをまとめた。本章では、前章での議論を踏まえながら、ことばのジャンルの視点を、具体的に何かができるようになることを目標とするパフォーマンス・オリエンティッドな基礎第二言語教育のデザインへと結びつける議論を行う。

　まずは、ジャンル論を第二言語の習得と結びつける議論から始める。はじめに、母語の習得についてのバフチンの見解を確認し、続いて一般的に言語発達をバフチンがどのように見ていたかを検討する。次に、ジャンル論と第二言語習得を架橋するための議論を行う。その中で、母語(第一言語)の習得と第二言語の習得の違いについても論じ、言葉遣いという新たな用語を提案する。第3節では、言葉遣いを仲介的な概念としてことばのジャンルの視点に基づくオルタナティブなカリキュラム策定の指針を明らかにする。最後に、これまでの実用的な言語行動に代わる社交的な言語活動というものを基礎第二言語教育の新たな教育内容として提案し、教材開発のための視点についても論じる。

1. ことばのジャンルと第二言語の習得

1-1　ことばのジャンルと言語活動従事と言語の習得

　バフチンはことばのジャンルと実際の言語活動従事との関連について以下

のような見解を提示している。

> われわれは一定のことばのジャンルでもって話す。つまり、われわれの発話はすべて、〔発話の〕**全体を構築するための比較的に安定した一定の定型的形式**をもつ。われわれは話しことば(ならびに書きことば)のジャンルの豊かなレパートリーをもつのである。われわれは、実践的にはことばのジャンルを確信をもって巧みに使い分けているけれども、理論的にはことばのジャンルの存在について何も知らずに済ますこともできる。…われわれは多様なジャンルで話していながら、それらのジャンルの存在には少しも疑問を抱かない。(『ジャンル』p. 148、西口, 2013, pp. 89-90、引用中のゴチックによる強調は原著、以下同様)

ことばのジャンルの知識とその動員は無意識的であるが、言語活動従事はことばのジャンルに支えられているとの見解である。もちろんことばのジャンルは自身が発話をする場合だけでなく、以下で説明されているように相手の発話を受容する場合にも働く。

> われわれは、自分のことばをジャンル形式の鋳型に注入することをまなぶ。そして、他人のことばを耳にするとき、始めの数語でもってそのジャンルを予測し、その一定の容量(つまりことば全体のおおよその長さ)、一定の構成を予測し、その結末の見当をつける。(『ジャンル』p. 149、西口, 2013, p. 90)

言語活動従事においては、ラングではなくことばのジャンルが枢要な働きをしているとバフチンが見ていることは、これらの引用でもバフチンの著作全体からも明らかである。
一方、バフチンはラングの習得についても見解を述べている。

> われわれが母国語—その語彙と文法組織—を知るのは、辞書と文法書によってではなく、周囲の人たちとの生きた言語コミュニケーションのなかで、われわれが耳にし、また自らも再現する生きた具体的な発話によって

なのである。言語の形式をわれわれは、もっぱら発話のかたちで、しかも発話の形式とともに獲得する。言語の形式と発話の類型的形式つまりことばのジャンルとは、一緒に、それも互いに緊密にむすびついたかたちで、われわれに経験され意識される。話すことを習うことは、発話の構築法を習うことなのである（なぜなら、われわれは発話によって話すわけで、個々の文や語によって話すのではないから）。（『ジャンル』p. 149、西口, 2013, p. 90）

バフチンによると、言語を習得することは、語彙や文法を知り身につけることではなく、「発話の構築法を習うこと」となる。

1-2 言語発達

直前の引用では母語の習得についてとして論じられている。それに対し、以下の引用では、子どもの言語習得に限らず就学後やさらにその後も含めて言語の発達一般の性質について論じている[1]。

> 個々人は出来合いの言語を受け取るのではありません。個人の方からこの言語コミュニケーションの流れの中へ入ってゆくのです。もっと正確にいえば、この流れの中に入ることによってはじめて、個人の意識も形成されるものなのです。…自らがその中に入ってゆき、そうすることによってはじめて、人は目覚めるのです。（『マル言』p. 173、西口, 2013, p. 34）

言語発達の性質について、別の部分では、記号と意識をも絡めて以下のように論じている。

> 意識は、組織された共同体内での社会的コミュニケーションの過程で生まれる記号としての事物に媒介されて、はじめて形成され、客観的に実在

---

[1] 子どもにおける言語習得については同引用への注釈で別途言及されている。その内容は以下の通りである。ここでも同じように、言語の習得を言語的交通の流れに入りこんでいく過程と見る見解が繰り返されている。

　　幼児が母国語を体得してゆく過程は、幼児が言葉によるコミュニケーションの中へ次第に入りこんでゆく過程です。幼児がこの参加の過程を深めるにつれて、幼児の意識も形成され、内容〔文化〕によって充たされていくということになります。（『マル言』p. 179）

するようになるものです。個人の意識は、記号によって養われ、記号に拠って成長し、自らの裡に記号の論理と記号の規則性とを写しているものです。**意識の論理とは、どこまでもイデオロギー送受のコミュニケーションの論理です。**共同体内での記号による相互作用(コミュニケーション)の論理です。(『マル言』p. 21)

これらの議論でバフチンは、言語発達を、自身の周りで起こる社会的交通で行われる言語的交通の流れの中に自己を浸透させその形態と論理を内具化する過程として描いている。そして、そうした言語発達の過程はそのまま人間のイデオロギー的形成(3-2-3)[2]という人間形成の個人的な史的過程となる。以下の行は、そのような事情を端的に表している。

> イデオロギー的現実〔文化〕は、経済的下部構造のうえに直接構築されている上部構造ですが、個人の意識は、このイデオロギーという上部構造を構築する建築家ではなく、イデオロギー記号という社会的建造物を栖とする、その住人にすぎません。(『マル言』p. 22、西口, 2013, p. 55)

こうしたバフチンの見解は、マルクスが『経済学批判』序言の唯物史観の公式の中で論じている「人間の意識が彼らの存在を規定するのではなく、彼らの社会的存在が彼らの意識を規定するのである」(マルクス, 1859/1964, p. 6)という見解と重なり合っている。

1-3 ジャンルとラング

バフチンにおいては、第一言語の場合に限らず、言語と意識(心理)の発達でのこのようなジャンルの契機こそが重視されている。こうした言語習得や言語と意識の発達の見方は、ソシュール流のラングを体系的に習得することこそが言語を習得することであるとする現在の基礎第二言語教育の主流の考え方と際立ったコントラストをなす。

バフチンが自身の言語習得や言語発達の見方が第二言語習得の場合にも適用可能だと考えていたかどうかは、バフチンの著作のどこを見てもはっきり

---

2 本書の関連部分はこのように「章-節-項」として示す。

と知ることはできない。一方で、ラングという見方そのものについて批判的であることは明白である。ただし、ラングの研究が言語教育という目的に奉仕してきたとは言っている(『マル言』pp. 148-149 と p. 155)。しかし、その際のバフチンの観点は、ラングの研究は「解読された言語を教えるために不可欠な道具を作り上げる」(『マル言』p. 155)というもので、それ以上は言っていない。

つまり、第二言語の教育においてはラングを扱うべきで、ラングを体系的に教えるのが適当であり有効であるというようなことは、バフチンは一切言っていない。それよりもむしろ、バフチンの著作においては、上述のようなことばのジャンルを媒介とした言語発達や人間形成の観点が繰り返し強調されているのである。

2. 第二言語の習得と言葉遣い

2-1　第二言語習得の場合の事情

『マル言』で、第一言語の習得や発達と対比するような形で第二言語の習得の場合について言及している部分がいくつかある。それらの中で第一に挙げるべきは前々項の最初の引用の省略部にある以下の行である。

> 自国語のおかげで既に完成されている意識が、同じく既に完成されている既成の言語に立ち向かうのは、異国語を学ぶ場合だけです。この場合には、ただその既成の言語を〔所与として〕受け入れる以外に、手はありません。自国語の場合には、そのように受け入れるわけではありません。(『マル言』p. 173、西口, 2013, p. 34)

この部分は、ラングの言語観に基づいて第二言語教育を実践している言語教育者には、バフチンもやはり第二言語教育の場合はラングを教えるしかないと言っていると読めるだろう。そして、バフチン自身もそのように読まれて特段に異を唱えることはないだろう。しかし、バフチンが異を唱えないのは、そもそもバフチンは第二言語の習得や教育に関心を持っていないし、同分野の専門家でもないからである。第二言語教育に関心を置く本書では、こ

の論点はさらに検討しなければならない。

　バフチンは別のところで「語る主体の意識は、規範として自己同一的な諸形態の体系という形で、言語を操作するわけではありません。言語がそのような体系として存在するようになるのは、あくまで抽象化という操作を加えた後です」(『マル言』p. 140)と言っている。また、規範として自己同一的な諸形態の体系つまりソシュール流のラングは「所与の共同体に属する個々人の主体的な意識に対してのみ実在するもの」(『マル言』p. 137)であって、それは「個々の現実の時点において行われる逸脱を記録するために、仮に選んだ基準として役立ちうるものにすぎない」(『マル言』p. 136)と言っている。バフチンの見解では、言語主体にとって重要なのは、ある言語形態が所与の具体的な脈絡のなかに登場することを許容するような側面、所与の具体的な状況の中で言語形態が状況にふさわしい記号となりうる側面であり(『マル言』p. 141、西口、2013, p. 26)、それは、「沈殿した歴史的な意味や心的態度をあらかじめ染み込ませて、われわれの実際の相互行為の契機にやってくる」(Hall, 1995, p. 208、西口、2013, p. 104)という性質を持つことばのジャンルである。

　このような見解に従うならば、ことばのジャンルを十分に習得してこそ言語活動従事が可能になるということになる。そうしたバフチンの主張全般に鑑みると、冒頭の引用部は第二言語習得の場合は意識的な学習の下に総体としてラングを受け入れるしかないと主張していると見るのは粗野な理解であろう。

　まだ十分に当該言語に習熟していない第二言語学習者による言語活動従事や言語習得のための活動従事においては、本来無意識的なものであることばに形態の面でも意味的な側面でも意識の光が当てられることはほぼ避けがたく、意識の光が当てられるとその瞬間にことばは物象化される。そのようにことばが物象化されると、学習者は「わたしは『この言葉』を知らない。辞書で意味を調べて、覚えなければ」という姿勢となり、そこにおいてことばは「既成の言語」として意識的な学習の対象となる。そして、学習者はその「既成の言語」つまりは言語事項となったものをそれとして受け入れるしかないという事態が生じる。本項冒頭の引用部は、このように理解するのが適当であろう。つまり、バフチンが言っているのは、具体的な第二言語習得の

ための活動に付随するそのような意識的な学習の側面のことである。この点を、第二言語習得の心理過程に即して、もう少し詳しく検討してみよう。

　第二言語の学習で学習者はしばしば目標言語のことば＝発話のサンプルを音声あるいは文字の形で提示される。提示された目標言語のサンプルには学習者にとって未知のあるいは未習熟の音声系列あるいは文字系列が多かれ少なかれ含まれている。すでに第一言語を習得している学習者においては、意識化の程度の差はあれ「この音声系列（あるいは文字系列）は何だろう」とその形態と意味を知ろうとする。そして、その「知ろうとする」志向の産物として、新しい言語の当該要素の形態とそれに対応する第一言語の要素が意識に立ち現れる。バフチンが「既に完成されている既成の言語」と言っているのはこのように意識の作用が向けられた目標言語のサンプルであり、「すでに完成されている意識」と言っているのは、そのような意識の作用そのものとその産物として見出される第一言語の表現だと考えられる。そして、第二言語の習得においては、前者（目標言語のサンプルの中の未知の要素）は後者の産物（対応する第一言語の表現）と概ね同じものと見なしながらその過程を前進させるしかない、とバフチンは言っているのである。詳述は省略するが、同種の現象は学習者が発話をしようとする契機においても同じく生じる。

　他の部分で、バフチンは、記号の特性を明らかにしようとする文脈で、本来の記号とそれとは見なせない信号という二者を対比して、それに基づいて第二言語の習得の一側面を論じている（『マル言』pp. 139-144）。そこでバフチンの言う信号とは、上で論じた意識の光を当てられたことばであり、同議論は上の議論を敷衍したものとなっている。

2-2　「第一言語の注釈」と言葉遣い

　フロイトの精神分析について論じる中でバフチンは次のように言っている。

　　言語とその諸形式は、所与の言語グループの持続的、社会的交流の産物である。言表はそれを基本的には出来合いのものとして見出すのである。それは、言表の材料であって、言表の可能性を限定する。また、ほかならぬ所与の言表を特徴づけるもの、たとえば一定の語の選択、句の一定構造、言表の一定のイントネーション—こうしたものすべては、話し手と、会話

が生じるあの社会的状況の間の相互作用の表現なのである。(『フロイト』p. 150-151)

　ここでバフチンが「言語」と言っているのはことばのジャンルのことだと理解してよい。つまり、前章でも言及したLinell(2009)の言う発話の超状況的側面に注目した言語の特性である。そして、言語主体は言語活動従事においてことばのジャンルを「出来合いのもの」として見出して発話行為に従事するとバフチンは主張しているのである。ことばのジャンルのことを一般的に「出来合いのもの」だと言うのは言い過ぎであろうが、上の引用のように実際の言語活動従事におけることばのジャンルの働きに注目して「出来合いのものとして」と言うのは一定の妥当性があるだろう。ことばのジャンルは、言語活動に従事する主体(話し手及び聞き手)が出来合いのものとして見出す発話の材料で、それは発話行使とその理解を可能にするリソースなのである。

　バフチンによると言語活動はそのように運営されるわけだが、その心理過程は言語活動に従事する主体にとって無意識的なものであると言う(『ジャンル』p. 148、西口, 2013, pp. 89-90)。それは、ことばのジャンルが理論的な概念であること(1-3-3)、及び、主体が現下の契機にふさわしいことばのジャンルを見つける過程がヒューリスティック(発見的)な心理過程であること(西口, 2013, pp. 108-109)と直接に関係している。しかし、その一方で、第二言語学習者が第二言語の言語活動に従事するときや第二言語習得のための活動に取り組むときは、前項で論じたような意識的な心理過程が多かれ少なかれ伴う。本来の言語活動従事のヒューリスティックな心理過程と、第二言語習得の場合のこうした事情はどのように統合することができるだろう。

　まずは、第二言語の言語活動や第二言語習得のための活動に伴う「対応する第一言語」は、それらの活動従事に伴う「第一言語の注釈」と位置づけるのが適当であろう。一方、言語活動従事等においてことばやその操作に対して意識の光が当てられると、その瞬間にことばは物象化される。そして、そこでの発話行為や発話理解はいずれも本来の心理過程の下でのものではなくなる。また、言語活動従事の契機にやってくる本来無意識的なリソースであることばのジャンルも、そこでは物象化された一つの話し方、つまり上の引

用中の「一定の語の選択、句の一定構造、言表の一定のイントネーション」などとなってしまう。第二言語学習者というのは、当面はそのような物象化された話し方を受け取る(習得する)しかなく、また、言語活動従事においてもそのような物象化された話し方を援用するしかない。そして、それらには、意識化の程度に差はあれ「第一言語の注釈」がほとんど常に付随するのである(6-3-3)。

　言語活動従事や言語習得のための活動従事においてことばのジャンルのように機能しているが、活動従事の主体が第二言語学習者であるために意識に照射されて物象化され、「第一言語の注釈」も多かれ少なかれ付随したものを、ここでは**言葉遣い**と呼ぶことにしよう。次章末尾の引用にあるように、物象化され客体化されたことばは、ことばが担うイデオロギー的意義から全く切り離されてしまい、意味も物象化され、あらゆる対話的洞察を失ってしまう。そのようなことばと対話を交わすことはできない(『小説』p. 174)。ここに言う言葉遣いは、**ことばのジャンルと同じく人間の社会的交通に埋め込まれていて生きたイデオロギー的な意義への対話的洞察を可能にする側面を保持しつつ、同時に語の文法的な構成体としての側面をも有するもの**である。そのような意味で言うと、言葉遣いというのは半意識化されたことばのジャンルだと言うのがよいだろう[3]。第1章の図3(p. 10)の中のXとYとZはそのような言葉遣いの位置を予告したものである。

　また、ことばのジャンルというのは理論的な概念であり、それは客観的な記述をめざして措定された概念ではない(1-3-3)。そうした面で言うと、言葉遣いというのは、**言語の学習や教育というプラグマティックな活動を行うためにことばのジャンルを取り扱うための方略的な概念措定**である。ことばのジャンルに基づく言語習得あるいはイデオロギー的形成という観点の一方で、第二言語の習得や発達においては、**言語事項の習得を伴うパフォーマンスの向上**が求められる。対話的な脈絡でヒューリスティックに学習者本人によって援用されたり教師によって補充されたりするリソースである言葉遣いは、ことばのジャンルに基づく**言語習得観**と、**具体的な語の文法的な構成体**

---

[3] 言葉遣いの概念は Newmark and Reibel の言う "instances of language in use" (Newmark and Reibel, 1968, p. 149) にほぼ対応する。実際のところ本章で論じる第二言語教育のデザインの基本的な着想は同論考から得たものである。

の習得やその補強を伴う第二言語習得という現象を架橋するキー概念となる。すなわち、言葉遣いという概念と用語を用いることでわれわれは第二言語の習得と教育に関して、学習者は対話的な言語活動や言語習得のための活動に従事する脈絡で、時に「第一言語の注釈」も添えながら、さまざまな種類の言葉遣いを有効に習得することができるという視点や、教師もそのような構図の下で学習者の言語活動従事を言葉遣いの面で支援しつつ第二言語習得を強力に促進することができるという視点や[4]、語の文法的な構成体として存在するさまざまな言葉遣いを文法の体系に配慮して利用可能なリソースとして提示していくことでいわゆる文法能力も着実に習得・指導できるという視点を提出できるようになる。そして、そうした諸視点の下にわれわれは新たなカリキュラムを企画し教材を作成する道を得るのである。

3. 新たな基礎第二言語教育の構想

3-1　ジャンル論から新たな基礎第二言語教育の構想へ

　これまでの基礎（初級）日本語教育では、学習者は言語事項の知識を動員して文を作って話したり文を分析して理解したりして言語活動に従事するという仮定が明示的あるいは暗黙にあった。ゆえに、文型・文法事項と語彙という言語事項が主要な教育内容として扱われ、また実際の授業においても個々の言語事項、そしてとりわけ文型・文法事項の意味や用法を正確に理解して遅滞なく操作できるようになることが重要事とされてきた。ラング的な言語観に基づく第二言語習得へのアプローチである（西口、2013, pp. 29-34）。

　ことばのジャンルに基づく言語習得観からはそのようなデザインは導かれない。ただし、バフチンは語や文型などの言語事項つまりラングの習得は不要だとは言っていない。言語事項は、言葉遣いに織り込まれた要素として間違いなく習得されると明確に言っている。第1節で論じたことばのジャンルと言語習得の関係について整理してみよう。

---

[4]　西口（2013）の第10章では、接触場面において日本語話者が日本語第二言語話者の語りを支援する様態を記述している。また、本書の第7章では、接触場面社会的交通に従事する対話者たちの対話的空間（3-3-3）を再現しつつ、社会的交通従事の様態を検討するとともに、そうした接触場面社会的交通の言語発達促進のポテンシャルについて考察した。

(1) わたしたちが特定の活動領域の言語活動に従事できるのは、その活動領域の言語活動に関連することばのジャンルを備えているからである。そして、わたしたちはさまざまな活動領域に関連することばのジャンルの豊かなレパートリーを持っている。
(2) 話すことを習うことは、ことばのジャンルを基にして、発話の構築法を習うことである。
(3) 言語事項は、もっぱら発話の形で、しかも発話の形式とともに獲得する。言語形式は、ことばのジャンルと一緒に、それも互いに緊密にむすびついた形で、われわれに経験され意識される。
(4) 成人の具体的な第二言語学習の活動においては、新しい言語を既成の言語として捉え、それを意識で捉えようとする側面がしばしば伴う。

こうした立場で、2-2 で論じた言葉遣いの概念も用いて基礎第二言語教育を考えるならば、以下のようなカリキュラム構想が導かれる。

(a) 言語事項ではなく、**言語活動をユニット(単元)としてカリキュラム**を策定する。
(b) **必要な言葉遣いを漸増させていく形で適切な言語活動を選択し配列**する。
(c) 各ユニットでは、教育内容として、当該の言語活動従事に必要な**言葉遣い**を扱う。
(d) 言葉遣いは取り立てて教えるのではなく、**モデル・ディスコースを参照先としてそこから私物化**することを促進する。
(e) 語や文型などの**言語事項は言葉遣いに織り込まれた形で扱う。**
(f) 言葉遣いに織り込まれる語や文型などの**言語事項はユニット横断的に緩やかに体系的**に扱う。各ユニットでは、提示された言語事項をすべて習得することは必須の目標とはしない。
(g) 各ユニットの終わりで**当該の言語活動に従事できるようになることを各ユニットの目標**とする。
(h) 教育課程の終了時には、(1) テーマとなったさまざまな種類の言語活動に柔軟に従事できること、(2) 重要な言葉遣いと言語事項を習得し

ていること、をコースの目標とする。

　(d)の中の私物化(appropriation)というのは、1-2で論じたような仕方で言語を習得することである。私物化という言語心理過程についてバフチンは次のように論じている。

　　言語の中の言葉は、なかば他者の言葉である。それが、〈自分の〉言葉となるのは、話者がその言葉の中に自分の志向とアクセントとを住まわせ、言葉を支配し、言葉を自己の意味と表現の志向性に吸収した時である。この収奪(appropriation、筆者注)の瞬間まで、言葉は中性的で非人格的な言語の中に存在しているのではなく(なぜなら話者は、言葉を辞書の中から選びだすわけではないのだから!)、他者の唇の上に、他者のコンテキストの中に、他者の志向に奉仕して存在している。つまり、言葉は必然的にそこから獲得して、自己のものとしなければならないものなのだ。(『小説』pp. 67-68)

ここでは、「appropriation」は「収奪」と訳されている[5]。

3-2　Wertschのツールキット論とWilkinsの分析的アプローチ

　上掲の(1)と(2)及び(a)と(b)は、Wertsch(1991/1995)の媒介手段に関するツールキットのアナロジーを思い起こさせる。Wertschによると、ヴィゴツキーは人間を媒介手段を用いて行為する個人(individual-acting-with-mediational-means、Wertsch, 1991)と見ていた。しかし、この視点を用いて人間の利用する媒介手段の多様性を吟味するところまではしなかった。Wertschは言う。

　　媒介手段は、ある種の単一のもの、未分化な全体としてみるべきではな

---

[5] "appropriation"は、「専有」、「占有」、「領有」とも訳される。ここでは、本文のように私物化と訳した。社会文化理論に基づく学習論では一般的になっている概念である。"appropriation"を専門用語として初めて用いたのはNewman, Griffin and Cole(1989)だと言われている。例えば、Wertsch(1991)でも"appropriation"は専門用語としては現れていない。

い。むしろ多種多様な品目からなる、いわば道具箱としてみるべきなのである。(Wertsch, 1991, p. 93、邦訳 p. 124)

　これが Wertsch の媒介手段のツールキット論である。やや単純化しすぎのきらいはあるが、ツールキットのアナロジーは、わたしたちが言語活動 a に従事するときにはセット A のさまざまな言葉遣いを適宜に動員し、言語活動 b に従事するときはセット B のさまざまな言葉遣いを動員するという図式を想起させる。そして、そのような図式は第二言語習得の一側面を表していると言ってよいだろう[6]。
　しかしながら、Widdowson が言うように訓練ではなく教育としての第二言語のカリキュラムでは、単に言語活動 a が運営できるようになり次に言語活動 b ができるようになりさらに言語活動 c へと進むというだけでなく、言語活動横断的に応用可能な基礎的な言語力を身につけさせなければならない(Widdowson, 1983; 1984, 6-2-1)。そのような観点として挙げているのが(e)と(f)である。そして、そのような観点で問題になるのは、どのようなタイプの言語活動を教育内容として選べばそのようなことが可能かである。この点については次節で論じる。
　一方、(2)と(3)及び(b)から(e)は、Wilkins の言う分析的アプローチの考え方と合致する。現在のヨーロッパ評議会の外国語教育改革政策へとつながるコミュニケーション中心の言語教育の礎である "Notional Syllabus" で Wilkins は、綜合的アプローチとそれと対比的な関係にある分析的アプローチについて論じている(Wilkins, 1976, pp. 1-20)。端的に説明すると、**綜合**

---

[6] 一方で、ツールキットのアナロジーは異言語混交性(ヘテログロッシャ、heteroglossia、ロシア語では raznorechie)のアイデアと結びつけることもできる。バフチンが異言語混交性について議論する文脈では、同じ言語(国語)を話す人々の間でも職業や社会階層や世代などで言語の社会的分化が起こり、各々独自のことばのジャンルを形成していて、それらが芸術的散文を成り立たせるための重要なリソースとなるという議論が展開されている(『小説』pp. 59-63)。つまりバフチンは、言語をことばのジャンルという視点で見た上で、言語の社会的分化のために「同様の」活動や「同様の」テーマにおいても一つの言語の中で異なる複数のことばのジャンルが重層的に存在していて、言語のそのような実態が小説という独自のジャンルを成り立たせていると主張しているのである。そして、この異言語混交性の議論とツールキットのアナロジーを交差させると、個人はその人を取り巻く環境にある独自の異言語混交性の下でイデオロギー的形成を成し遂げるので(『小説』p. 158)、各個人はそこから独自にことばを接収し我が物とすることで独自の人格を形成し、同時にその人固有の言葉遣いのツールキットを備えた言語主体となる(『小説』pp. 67-68)、ということになる。

的アプローチでは、学習者はレゴのピースのように文法事項や語彙などを教えられて、それらを順次に学習する。そして、学習者はそのようにして蓄積した知識を動員して文を作ったり分解したりして言語活動に従事するとの考え方に基づく教育方法である。このアプローチでは重要な言語事項はすべて採り上げて取り立てて教えることになる。本節の冒頭で論じたこれまでの基礎（初級）日本語教育の方法はまさにこれに当たる。それに対し、**分析的アプローチ**では、取り扱う言語事項の選択や配列は必ずしも厳密にはせずに、むしろ最初から多様な言語事項を扱う。学習者に期待されるのは、自身の言語活動の仕方を全体的に向上させることである。そのような結果として、重要な言語構造が多様な言語構造の中から抽出され焦点化される。つまり、学習者自身が構造に注目してそれを分析して重要な知識を獲得すると考えるのである。Wilkins は大仰には強調していないが、綜合的アプローチから分析的アプローチへの転換はコペルニクス的転換である。つまり、それまでの綜合的アプローチでは、目標言語の「全体」から学習すべき「要素」を教える側が伐りだして、そうした「要素」をもれなく教えるという発想をしていた。それに対し、分析的アプローチではざっくりとした「ポーション」（部分）を学習者に提示して学習者の学ぼうとする動機と分析能力に依拠しながら学習指導を進めようという発想になっているのである。そして、この論をコミュニカティブ・アプローチの嚆矢となった同書の冒頭で Wilkins が論じている点にも注目したい。

　分析的アプローチの考え方は、ややもすると「乱暴なコミュニカティブ・アプローチ」を助長する[7]。上で論じたカリキュラムの構想は、次節で論じるように、分析的アプローチを基本としながら無理のない合理的なカリキュラムを企画し、習得のために有用なリソースに基づいて学習を進めるという方向に展開される。

7　Wilkins の本はヨーロッパ評議会の報告書に掲載された論文を多少書き改めて出版されたもので、当然 Wilkins はヨーロッパの人間が別のヨーロッパの言語を学習するというケースを想定している。この点には一定の留意が必要であろう。

4. パフォーマンス・オリエンティッドな基礎第二言語教育の教育内容

4-1 パフォーマンス・オリエンティッドなカリキュラム策定のための発想の転換

　コミュニケーション中心の言語教育でのカリキュラム開発では、言語活動として実用的なコミュニケーションが注目されてきた。実用的なコミュニケーションとは、「誘う」、「誘いを断る」、「ものを頼む」、「物を借りる」、「使い方や作り方などを教える」などの機能的な言語行動である。そのような言語活動が基礎段階の教育の内容として適切かどうかについては以下のような点で疑問がある。

(1) そのような言語活動は、基礎終了程度の基礎言語使用者が接触場面で従事しそうな行動として本当に関連性があるか。
(2) そのような言語活動能力の習得をめざした第二言語の学習は、基礎言語力の着実な養成に貢献するか。また、基礎段階に続く学習段階で必要とされる一般的な基礎言語力を養成することができるか。

　一方で、言語活動には、実用的な言語活動の他に社交的な言語活動あるいは人と人の交流のための言語活動というものがある。自分のことや自分の周りの人や出来事について相互に話す言語活動である。上の(1)に関連させて言うと、基礎終了程度の基礎言語使用者(CEFR の basic user)は普通は、仕事や学校などの場に参入して他の当該言語話者と共にそうした場での通常の活動に従事することはない。あるいは、仮にそうした場に参入したとしても、その場での通常の実質のある活動に参画することは考えにくい。端的に、基礎終了程度の学習者では、目標言語のスピーチ・コミュニティでいかなる種類の言語活動であれ成人としてふさわしく実質のある形で参加することは困難であろう。一方で、第二言語学習者は、目標言語のスピーチ・コミュニティの周辺的な参加者にならざるを得ない。そして、目標言語のスピーチ・コミュニティの新参者ともなる第二言語学習者は「どこの何者でどんな人か」などをよく知られていないがゆえに、そのような自身及びその周辺のことを話すことがしばしば求められる。また、話し相手もそのような話をする。そのような社交的な言語活動における自己表現活動に従事する能力

こそが基礎言語使用者として求められる実際的な言語活動能力であると判断される。そして、そうした言語活動能力は、CEFRでは明確に記述されている。以下の枠内の太字の部分である。

> □ **全体的な尺度**(Global Scale)
> A1: 具体的な欲求を満足させるための、よく使われる日常的表現や基本的な言い回しは理解し、用いることもできる。**自分や他の人を紹介することができ、どこに住んでいるか、誰と知り合いか、何を持っているかなどの個人的な情報**について、質問をしたり、答えたりすることができる。相手がゆっくり、はっきり話して、助け船を出してくれるなら簡単なやり取りをすることができる。
> A2: 個人の存在や生活で最も身近で関連のある領域(ごく**基本的な個人的情報や家族情報、買い物、近所の様子、仕事のことなど**)に関連してよく使われる文や表現が理解できる。**身近で日常的な事柄についての簡単で直接的な情報交換が期待される、簡単で日常的に繰り返し行われるコミュニケーションに従事することができる。自分の背景や身のまわりの状況や様子や身近で起こっている事柄**などの一部を簡単な言葉で説明できる。
>
> □ **自分の話をする**(Sustained Monologue: Describing Experience)
> A1: 　　**自分自身のこと、何をしているか、どこに住んでいるかを言うことができる。**
> A2.1: **家族、住まい、学歴、現在及び最近の仕事について話すことができる。人、場所、持ち物を簡単な言葉で言うことができる。**
> A2.2: 事柄を列挙するような形で話をしたり、叙述したりすることができる。自分の身辺の日常的な側面、例えば、**人、場所、仕事や勉学の経験**などについて話すことができる。**出来事やしたことや経験について基本的なことを短く話すことができる。計画と予定、習慣と日常生活、過去にしたことや経験したことについて話すことができる。**簡単で短い表現を用いて、**事物や持ち物について少し話したり比較したりできる。何が好きで、何が好きでないかを言うことができる。**

> 注) A2.1 と A2.2 は、A2 内の下位分類である。A2.1 が A2 の前半、A2.2 が A2 の後半のレベルとなる。
> （Council of Europe, 2001, p. 24 and p. 59、筆者訳、強調も筆者、西口、2013, pp. 151-152）

　また、好都合なことに、そのような自己表現活動の教育と、言語事項の学習を含めた基礎言語力の養成という教育課題は並行して扱うことが比較的容易であると予想された。上の(2)で指摘したように、機能的な言語行動はそのような親和性がひじょうに低い。

　以上のような認識から、パフォーマンス・オリエンティッドな新たな基礎第二言語教育の教育内容として自己表現活動を扱うのが適当であると判断された。このように、パフォーマンス・オリエンティッドなカリキュラムのデザインにおいて、機能的な言語行動ではなく社交的な言語活動に注目することが、有効な基礎第二言語カリキュラムの開発のための大きな転換点となる。

4-2　パフォーマンス・オリエンティッドな教育のための教材開発の新しい発想

　これまでの教育プログラムでは、パフォーマンス・オリエンティッドと言いながら、教材でターゲットのパフォーマンスの実例が十分に示されることはほとんどなかった。それは、一つにはターゲット・パフォーマンスを一般的に例示することが困難であったことと、いま一つは、ターゲット・パフォーマンスを実現した話し方や書き方から言葉遣いを学び取るという形でこそ第二言語の習得を有効に促進することができるという考え方がなかったからである。

　特定のテーマの自己表現活動を単元で扱うならば、比較的少ない数のモデルで当該の言語活動の仕方つまりターゲット・パフォーマンスをほぼ十分に示すことができる。期待されているパフォーマンスが何で、そのパフォーマンスがどのような言葉遣いのどのような組み合わせとして実現されるかを知るために、ターゲット・パフォーマンスのモデルは直截的に有用である。逆に、そうしたモデルを十分に示すことなく学習者に具体的なパフォーマンスを要求するのは、教育の企画として合理的ではないだろう。

　「モデルを見せたら学習者はそれをまねて自分の話を作ってしまうのでは

ないか。それでは日本語の勉強にならないのではないか」という声がしばしば聞かれる。そのように言う教師は、まさにWilkinsの言う綜合的なアプローチの観点で言語習得や言語活動従事を捉えているのである。そして、それはソシュール的な言語観に基づく第二言語の習得と教育についてのパラダイムであり、バフチンが異を唱えているところである。バフチンのことばのジャンルの言語観では、ことばは「中性的で非人格的な言語の中に存在しているのではなく、他者の唇の上に、他者のコンテキストの中に、他者の志向に奉仕して存在している」(『小説』pp. 67-68、西口, 2013, p. 85)。そのような他者のことばから自身の事情に関連する言葉遣いを盗み取ってそれを組み合わせて自身の「意味と表現の志向性に吸収」(『小説』p. 67、西口, 2013, p. 85)することこそがことばのジャンルに基づく正統な言語習得の筋道となる。バフチンは言う。

> われわれは発話を構成する過程で語を選ぶさいに、けっして言語体系のなかから、中立的な**辞書的な**かたちのまま語をとり出すのではない。われわれはふつう、語を**他の発話**のなかから、それもまずジャンルのうえでわれわれの発話に似かよったもの、つまりテーマ、構文、スタイルが似かよったもののなかからとり出すのである。われわれは、したがって、語をジャンルの特性でもって選ぶわけである。(『ジャンル』p. 166)

5. 結び

本章で論じたカリキュラム・デザインのスキームの下に開発されたのが自己表現活動中心のマスターテクスト・アプローチによる基礎日本語のカリキュラムであり、それを支える教材『NEJ：A New Approach to Elementary Japanese ―テーマで学ぶ基礎日本語』(西口, 2012a)である。その具体的な教育内容は、巻末に資料1として示している。言うまでもないが、上で論じたのはバフチンの言語哲学から敷衍した主要な原理や認識のみであり、具体的なカリキュラム・デザインや教材開発においてはその他にもさまざまな方針があり、判断が行われた。また、教科書の本文となるマスターテクスト(6-3-1)の作成においては、テーマ横断的に内容が一貫したテクストを作成する

ために、一連のテーマの下での人物造形など創作の要素が常に伴った。また、それをリソースとしたユニットの授業の流れ(6-4-1、6-4-2)や実際の授業での学習者の反応なども見越してテクストは作成された。そして、そうした具体的な作業の底流には常にバフチンの対話原理の視点があった。

第3章

対話原理

はじめに

　本章から第7章までは、「どのように」第二言語の習得を支援し促進するかについての考察となる。そのような文脈で、本章から3章にわたっては、バフチンの言語哲学の中核となる対話原理（dialogism）について論じる。前著（西口, 2013）でも論じたように、バフチンの対話原理は何らかの特定の原理群ではない。それは、ことばのやり取りを伴う人と人の接触・交流を、そして人間の意識や心理のあり様を対話的に見るという主義あるいは流儀である（西口, 2013, p. 140）。Holquistは、そうしたバフチンの対話原理を人間の言語の使用方法から人間行動を把握しようとする認識論の一つであると言っている。そして、そのような認識論の中でバフチンのそれが際立っている点は、バフチンが根源的なものとして言語について対話的な見方（dialogical concept of language）を提示していることであると論じている（Holquist, 1990, p. 15、邦訳 p. 22）[1]。

　本章では、Holquistの言う認識論とはどういうことか（第2節）、そして言語についての対話的な見方とはどういうことか（第3節）を、バフチン自身の議論を引き合いに出しながら明らかにしていく。そうした議論の上で次章（第4章）では、対話原理の視座から見た場合に対面的な社会的交通がどのよ

---

[1] このパラグラフの冒頭で、対話原理は何らかの特定の原理群ではないと述べたが、Rommetveit（1992）はそれを敢えて原理群の形で示している。Rommetveitは、24のテーゼの形で人間の認知とコミュニケーションへの対話を基盤とした社会認知的アプローチ（dialogically based social-cognitive approach to human cognition and communication）を整理している（Rommetveit, 1992, pp. 21-24）。Rommetveit自身、それは、30年以上にもわたるバフチンをはじめとする思想家や研究者との対話の成果であると述べている。

うな様態を見せるかを検討する。さらに次々章(第5章)では、社会的交通が出現する基底の構造についてのバフチンの見解を見ていく。その上で、そこまでの3章のまとめとして、バフチンの言う超言語学とはどのようなものか、それが従来の言語学とどのように異なるのかについて論じる(第5章の第3節)。

　本章では、まずは、対話原理の「出自」とエッセンスというところから論を起こす。

1. 対話原理のエッセンス

1-1　ドストエフスキー作品の主人公

　バフチンは、ドストエフスキーを、それまでのヨーロッパ小説に適用してきた文学史上の構成原理のいずれにも当てはまらないポリフォニー小説の創造者であると評価する。ドストエフスキーの小説については文芸批評家たちは主にドストエフスキーの作品に登場する主人公たちのイデエ(哲学・思想)に関心を寄せる傾向があり、ドストエフスキーの作品の芸術的構造の原理は解明されずに置かれているというのがバフチンの問題意識であった。

　バフチンによると、ドストエフスキーの主人公の形象は伝統的な小説(つまりバフチンによるとモノローグ的な小説)における普通の客体的な主人公像とは異なっている(『ドストエフスキー論』p. 16)。ドストエフスキーにおいては、主人公は作者によって描写され、性格造形され、筋を運ぶために話させられるものではない。そうした事情をバフチンはゴーゴリにおける主人公の扱い方とドストエフスキーにおけるそれを対比して次のように説明している。

　　　ゴーゴリの視野においては客観的な特徴の総体として、主人公の確固たる社会的・性格論的風貌を構成していたものが、ドストエフスキーによって主人公自体の視野に導入され、そこで主人公の苦悩に満ちた自意識の対象となったのである。ゴーゴリが描いた《貧しい役人》の外貌そのものをも、ドストエフスキーは自らの主人公が鏡の中に見ることを強いている。…我々が目にするのは、彼が何者かということではなく、彼がいかに自分を

意識しているかということであり、我々の芸術的視線の先にあるものは、主人公の現実ではなく、その現実を知覚する彼の意識の純粋な機能なのである。(『ドストエフスキー論』p. 101)

そして、ドストエフスキーという作者による主人公の遇し方について次のように論じている。

> ドストエフスキーは、…声なき奴隷たちを創作したのではなく、自らを創った者と**肩を並べ**、創造者のいうことを聞かないどころか、彼に反旗を翻す能力を持つような**自由な人間たち**を創造したのである。**それぞれに独立して互いに融け合うことのないあまたの声と意識、それぞれがれっきとした価値を持つ声たちによる真のポリフォニー**こそが、ドストエフスキーの小説の本質的な特徴なのである。…ここではまさに、**それぞれの世界を持った複数の対等な意識**が、各自の独立性を保ったまま、何らかの事件というまとまりの中に織り込まれてゆくのである。…ドストエフスキーの主要登場人物たちは、…**単なる作者の言葉の客体であるばかりではなく、直接の意味作用をもった自らの言葉の主体でもある**のだ。(『ドストエフスキー論』p. 15)

ドストエフスキーはいわば、主人公を作者の桎梏から解放し自由にした小説家である。ドストエフスキーにおいて主人公像を形成する要素となっているのは、現実(主人公自身及びかれの生活環境の現実)の諸特徴ではなく、それらの特徴がかれ自身に対して、かれの自意識に対して持つ意味である。そして、作者の観察と描写の対象は、主人公の自意識の機能そのものとなるのである(『ドストエフスキー論』p. 100)。

1-2　ドストエフスキーの「目」

バフチンは、キルポーチンがドストエフスキーの特異な能力である他者の心を見る能力を強調している点を評価し、キルポーチンの著書の一節を引用している。以下の通りである。

1. 対話原理のエッセンス

ドストエフスキーはあたかも**他者の心理を直接に見る**能力を有していたかのようである。彼はまるで光学レンズを持っているかのように、他者の心をのぞき込んだ。そのレンズで彼は人間の内面生活のきわめて細やかなニュアンスを捉え、ごく目立たない干満のリズムをたどることができたのである。ドストエフスキーはあたかも人間の**外面的な防壁を通り抜けて**、その内側で進行している心理のプロセスをじかに観察し、紙に記しているかのようなのだ。(『ドストエフスキー論』p. 75)

　そのようなドストエフスキーの「目」についてバフチン自身は次のように論じている。

　すべて単純と見えるものが、彼の世界の中では多くの構成要素を持った複雑なものと化した。一つ一つの声の中に、彼は論争し合う2つの声を聞き分け、個々の表現の内に屈折を、つまりすぐにでも別の、正反対の表現に移行し得るような要素を感得することができた。あらゆる身振りは彼にとって自信とためらいを同時に表現したものであった。すなわち彼はすべての現象の奥に隠れた両義性あるいは多義性を感受したのである。しかしこのような矛盾や多義性はどれ一つとして弁証法的な関係をなすものではなく、一つの時間軸にそった生成の過程としての運動に組み込まれるわけではない。それらは一つの平面上に併置もしくは対置される。そして相互に協調しながら融合しない関係として、あるいは出口のない対立関係として、また融け合うことのない声同士のハーモニーとして、あるいはやむことを知らぬ無限の論争として、さまざまに展開されるのである。ドストエフスキーのヴィジョンは、多彩な姿を露呈したこの一瞬の内に封じ込められ、その場所にとどまった。そしてその地点から、一瞬の断面の内なる多様性に構造と形を与えたのである。あらゆる声を一挙に同時に聞き分け理解するドストエフスキーのこの特殊な才能…が彼のポリフォニー小説の創出を可能としたのである。(『ドストエフスキー論』pp. 61-62)

　そして、本テーマについての議論を、芸術家としてのドストエフスキーは意識の生態とその生き生きとした共存のあり様を客観的に見渡すような高み

にまで至っていると結んでいる(『ドストエフスキー論』p. 65)。われわれとしては、ドストエフスキーがその「光学レンズ」を通して、一つの声あるいは一つの現象の奥に隠れた両義性あるいは多義性を見たこと、それらを併置的あるいは対置的に見たこと、そして両者を合わせて融け合うことのない声同士のハーモニーを見たこと、に注目しなければならない[2]。なぜなら、それが人間の存在を対話的に見るという対話原理のエッセンスだからである。バフチンが言うように、ドストエフスキーのこの特殊な才能が彼のポリフォニー小説の創出を可能としたのである(『ドストエフスキー論』p. 61)。

1-3 ポリフォニー小説論から対話原理へ

ドストエフスキーの作品のテーマはしばしば主人公のイデエ(哲学・思想)であるように論じられるが、そうではなく、真のテーマは「人間の内なる人間」とそういう人間間の相互作用である。ドストエフスキーがイデエを描写したのは、イデエが「人間の意識がその本質を開示してみせるための《媒体》もしくはその環境」(『ドストエフスキー論』p. 63)であったからであるとバフチンは言う。そして、主人公たちの意識のあり様について次のように論じている。

---

[2] ドストエフスキーの作品からのそのような一例としてバフチンは、『罪と罰』の第1部第4章にある妹ドゥーニャの婚約に対して主人公ラスコーリニコフが心境を語っている部分を出している。当該部分を亀山新訳で以下に引用する。

　《させるもんか、だと? なら、そうさせないために、おまえはいったい何をする? 禁じる? でも、いったいなんの権利がある? その権利を手にするのと引きかえに、自分から何をふたりに約束してやれるっていう? 大学を出て就職したあかつきに、自分の運命、自分の将来すべてをあのふたりにささげるだと? そんな冗談、聞きあきたぜ、なんのあてにもならん話じゃないか、それよりも、今どうするかだ! だって、今すぐなんらかの策を講じなくちゃならないんだぞ、それぐらいわかってるだろ? なのに、おまえはいま何をしてるって? ふたりを食いものにしてるだけじゃないか。だってあの金は、百ルーブルの年金とスヴィドリガイロフ家での勤めをかたに、なんとか手に入れたものだろう! 未来の億万長者どの、ふたりの運命をつかさどっているゼウスくん、スヴィドリガイロフ家や、アファナーシー・ワフルーシンのやからから、どうやってあのふたりを守ってやれる? 十年後にだって? そう、十年も経てば、母さんも襟巻編みの仕事で、いや、たぶん涙の流しすぎで目をやられてるだろうし、それこそ食うや食わずの生活で、骨と皮だけになってるだろうさ。それじゃ妹はどうなる? さあ、よく考えろ、十年後、いや、この十年間に妹がどうなっているか? 察しがついたか?》こんなふうにして彼は、ある種の快感すら覚えながら、そうした問いで自分を追いつめ、時にはからかってみせた。(『罪と罰』、亀山訳、pp. 110-111、『ドストエフスキー論』pp. 495-496)

ドストエフスキーが描こうとしたのは、イデエの領域における意識と意識の相互作用であった(ただしイデエの領域には限らないが)。ドストエフスキーの世界では、意識はその生成・成長の過程において、つまり歴史的に提示されるのではなく、別の様々な意識と**並列的**に置かれるので、意識は自己自身にも自己のイデエにも、またイデエの内在的な論理的展開にも集中することはできず、他の意識との相互作用の内に引き込まれてゆかざるを得ない。主人公の個々の思考は、それ自体の内部において弁証法的で論争的な色合いを持ち、闘争の要素に満ちているか、もしくは他者からの作用に対して開かれている。いずれにしてもそれは単に自己の対象に集中されているのではなく、他者への不断の気遣いを伴っているのである。ドストエフスキーは芸術の形式をまとった一種の意識の社会学を提供しているのだとも言える。(『ドストエフスキー論』p. 64)

　つまり、ドストエフスキーの作品で描かれているのは「共存する複数の意識間のポリフォニー」(『ドストエフスキー論』p. 65)であり、それを描くことによって、ドストエフスキーは「思考する人間の意識とその対話的存在圏を把握すること」(『ドストエフスキー論』p. 565)を可能にしたのである。それが「一種の意識の社会学を提供している」の意味である。バフチン自身がドストエフスキー論で解明しようとしたのも、単なる文学ジャンルの発展に留まらない、そのような「ポリフォニー的芸術思考」であると言っている。以下の引用は、そうした見解が述べられている『ドストエフスキー論』の結語の冒頭部である。

　　本論考において解明しようとしたのは、芸術的なヴィジョンの新しい形式をもたらし、そのことによって人間とその生の新たな側面を発見し、垣間見ることのできた、**芸術家としての**ドストエフスキーの独自性である。したがって本論考の関心は、もっぱら彼が芸術的なものの見方の地平を拡大し、それまでとは異なった芸術的観点から人間を凝視することを可能にした、その新しい芸術的立場に集中している。ドストエフスキーは、ヨーロッパの芸術的な散文の発展における《対話路線》を継承しながらも、小説というジャンルに新しいバリエーションを一つ追加したのだった。それが

ポリフォニー小説であり、本論考ではその斬新な特性を明らかにしようとしたのだった。ポリフォニー小説の創造は、小説という芸術的散文の発展、つまり小説という軌道上におけるあらゆるジャンルの発展にとってのみならず、人類の**芸術的思考**全般の発展にとっても、大いなる前進の一歩であったとみなすことができよう。すなわちこれは、小説というジャンルの枠を超えた、ある特殊な**ポリフォニー的芸術思考**そのものとして論じることのできる問題だと思われるのである。そうした思考こそが、モノローグ的な立場からは芸術的に捉えることが不可能な人間の諸側面、とりわけ**思考する人間の意識とその対話的存在圏を把握する**ことができるのである。
(『ドストエフスキー論』pp. 565-566)

1-4 『ドストエフスキー論』の初版と第2版

ここで少し『ドストエフスキー論』についての話を挿入しなければならない。『ドストエフスキー論』の初版は1929年に出版されている。本書で扱っているのは、初版ではなくその約35年後の1963年に出版された第2版(邦訳は1995年に出版)である。初版の邦訳は従来はなかったが、2013年にようやく出版された。その初版と第2版を比較・対照することでわれわれは興味深いことを知ることができる。初版と第2版の主な相違点は以下の通りである。ページ数は邦訳に則って示している[3]。

(1) 初版では全体が2部構成で各4章となっていたものが、第2版では2部構成ではなくなり、元の第2部は全体で第5章となり、元の章はそのまま節となり、本全体としては5章と結語となった。
(2) 初版の第1章の末尾に20ページ以上にわたって初版以降に出版されたポリフォニー小説論に関わる各種の研究についての論評が増補されている。
(3) 第4章にカーニヴァル論が加わって、初版の25ページから第2版では154ページと大幅に増補された。
(4) 第5章の冒頭に対話関係を研究する超言語学(バフチンの用語ではメ

---

[3] 2013年に出版された初版の翻訳者桑野によると、それ以外の変更は、よりわかりやすくするための用語の変更などである。

タ言語学)についての議論が8ページ追加された。また、同章の終わり近くの約2ページが超言語学の重要性を論じた議論に書き換えられている。
(5) 第5章の結論部が初版で5ページあったのが2ページに短縮された。
(6) 最後の結語が初版では「これが、ドストエフスキーのポリフォニー小説なのである」で結ばれるわずか15行であったものから5ページの充実した結語となった。

　文芸批評の関心からは(3)が注目されるが、本書の関心において注目すべきは(4)の超言語学についての議論の追加と最終部にあたる(5)と(6)の変更である。(4)については本書の第5章のテーマとなるのでそちらで扱うとして、ここでは後者の変更に注目する。その変更により、第2版の第5章の結論部では言葉の対話的性質ということが取り立てて強調され、さらにその上にそれに続く結語では、ドストエフスキーがポリフォニー小説で開示したポリフォニー的芸術思考をバフチンは人間存在の一般原理として普遍化しようとしていることがわかる。こうしたバフチンの見解は初版では打ち出されていない第2版の大きな特徴となっている。そうした新たなスタンスでの見解は、第2版の以下の一節で明示的に提示されているし、先の意識の社会学の部分の議論や思考する人間の意識とその対話的存在圏の議論でも展開されている。

　　そもそも対話的関係というものは、ある構成のもとに表現された対話における発言同士の関係よりももっとはるかに広い概念である。それはあらゆる人間の言葉、あらゆる関係、人間の生のあらゆる発露、すなわちおよそ意味と意義を持つすべてのものを貫く、ほとんど普遍的な現象なのである。ドストエフスキーはあらゆるところに、すなわち意識され意味づけを与えられた人間生活のあらゆる現象のうちに、対話的な関係を聞き分けることができた。すなわち彼にとっては意識の始まるところに対話も始まる。(『ドストエフスキー論』p. 82、上の(2)の増補部分の一節)

　また、そうしたスタンスの移行は、第2版の改訂に向けて1961年に書か

れた「ドストエフスキー論の改稿にむけて」(本書では『改稿』と略称している)でも示されている。バフチンは言う。

> この**人格としての人間**と(心理学的意味とは異なる意味での)その**意識**の発見は、**言葉**——人間の言語表現手段——におけるあたらしい諸要素の発見なしには成し遂げられることはなかったろう。**言葉の奥深い対話性**が開示されたのである。…意識の対話的本質。人間の生そのものの対話的本質。真の人間的生を**言語的に表現するなら**、それにふさわしい唯一の形式は、**完結することのない対話**である。生はその本質において対話的なものである。生きるとは即ち対話に参加すること——尋ね、耳を傾け、答え、同意したりすることである。この対話に人間は全身と生命活動のすべて——目、唇、手、魂、精神、身体のすべて、様々な行為——によって参加している。人は、自己のすべてを言葉の中にこめ、この言葉は対話的に織りなされた人間の生の中へ、世界の饗宴(シンポジウム)の中へ入っていく。(『改稿』pp. 261-262)

　本章の冒頭で、Holquist の言葉を引いて、対話原理とは、人間の言語の使用方法から人間行動を把握しようとする認識論の一つであり、そうした認識論の中でバフチンのそれが際立っている点はバフチンが根源的なものとして対話的な見方を提示していることであると述べた。そして、1-2の末尾では、対話原理のエッセンス的な側面として、一つの声あるいは一つの現象の奥にある両義性あるいは多義性、それらの併置的あるいは対置的な関係、そして両者を合わせた融け合うことのない声同士のハーモニーつまりポリフォニーに注目した。『ドストエフスキー論』と『改稿』の関係を考えると、『改稿』からの上の一節は、バフチン自身による「対話原理宣言」と見ることができる。

　バフチンは、ドストエフスキーの作品を通して人間存在の普遍原理としての対話原理を見出したのである。『ドストエフスキー論』の初版は文芸批評としてのポリフォニー小説論に留まっていると言っていいだろう。それが第2版において人間存在の普遍原理としての対話原理を提示することで、ポリフォニー小説論も一層補強され、さらに後に人文科学や社会科学のさまざまな領域で引き合いに出されるバフチンの哲学というものが開花したのであ

る[4]。

2. 対話原理の認識論 ── 人間にとっての経験とことばと現実

2-1 事態や出来事と経験

　本節では、人間にとって経験とは何かという問題の検討から始め、最後に対話的主体という概念を提示する。

　人間とは、事態や出来事を経験する動物である。事態や出来事は「わたし」も経験することであり、「あなた」も経験することであり、「かれ」も経験することである。人間以外の動物は事態や出来事を経験しないし、経験することもできない[5]。

　事態や出来事は、社会歴史的な共有可能物であり、実際に共有される。事態や出来事は自然的な事柄ではなく、「超」自然的な事柄であり、社会歴史的に活動する人間の産物である。そして、それは感性的世界＝意識に属するものである（1-1-2）。そのような意識ははじめから声に取り憑かれている。明瞭になった感性的世界＝意識の実体はことばである（1-2-1）。つまり、事態や出来事の共有可能性、さらには経験可能性は、ことばに支えられている[6]。

　わたしたちの環境は、潜在的な事態や出来事に充ち満ちている。わたしたちは具体的な環境の中に生きて、その「今・ここ」の事態や出来事を経験している。それがわたしたちにとっての客観的現実であり、そうした客観的現実を生きるのがわたしたちの自然的態度（natural attitude、Berger and Luckmann, 1966, p. 35、邦訳 pp. 31-32）である。そして、そうした経験は直截的にことば的に表示される（Berger and Luckmann, 1966, pp. 35-36, 邦訳 p. 32）。ことばは「社会における私の生活の座標を示すと同時に、その生活を意味ある対象によって充たすのである」（Berger and Luckmann, 1966, p. 36, 邦訳 p. 32）。これがわたし

---

[4] 実際、バフチンがその哲学・思想も含めて世界的に評価されるようになったのは、『ドストエフスキー論』の第2版を通してである。

[5] 野矢はそのような経験を認識論的経験と呼んでいる（野矢, 2002, pp. 155-160、西口, 2005, pp. 31-42）。西口（2004b）では、こうした人間の経験を生態心理学と関連づけて論じている。

[6] このような見解は、バフチンにおいては『マル言』の第1部第3章で展開されている。西口（2013）の第3章では、そうしたバフチンの議論のエッセンスを提示している。

たち一人ひとりの生の現実である[7]。

2-2　社会的交通の経験

わたしたちは、上のような客観的現実を生きるだけでなく、**出来事の当事者として他の人と交わりつつその出来事を経験**することもある。それが社会的交通(1-2-2)の経験である。社会的交通は、**ことば＝外言を枢要な媒介として、相互的に構成しながら、共同的に経験される**。バフチンはそのように経験される出来事を**唯一の統合的な存在の出来事**(ロシア語で edinstvennoe i edinoe sobytie bytija、以下短く存在の出来事と言う)と呼んでいる。存在の出来事は、バフチンの初期の著作である『行為』(バフチン, 1920-24/1999)で執拗に出てくる用語で、それは当事者たちが社会的に意味のある現実を相互的に作り上げて共同的に経験する出来事である。

バフチンは、そうした社会的交通の経験は、内容的に確定した世界を持っていない、具体的で個別的な、繰り返しのきかない世界であると指摘する(『行為』p. 83)。そのような社会的交通の経験はいずれも個別で唯一の結構(英語で architectonics、構築学あるいはその産物としての構築体)を構成していると言う。そして、その結構は、自分にとってのわたし、わたしにとっての他者、そして他者にとってのわたしという要因の相互的な配置として構成されると論じている(『行為』pp. 83-84)。具体的な対面的な社会的交通においては、そうした結構が対話者間で相互的に構成され共同的に経験されることになる[8]。

2-3　生活世界と生活主体の発生と拡張

事態や出来事の経験ができ社会的交通に従事できる主体になっていくことをバフチンは**人間のイデオロギー的形成**(ideological becoming of a human

---

[7] Berger and Luckmann(1966/2003)の論考は、(a)社会は人間の産物である、(b)社会は客観的現実である、(c)人間は社会の産物である、という人間学的必然性(anthropological necessity)を剔出して見せたことで、社会学理論の古典となっている。また、コシーク(1963/1969)は、マルクスの弁証法的な世界観・人間観を綿密に論じ、そこから政治、経済、社会、文化の総体を統一的に把握する原理を抽出して、マルクスの哲学を理解するための格好の著作となっている。

[8] 第5章の第2節では、結構と Jacoby and Ochs(1995)の共構築(co-construction)を関連づけた議論をしている。

being、『小説』p. 158)と呼んでいる。そうした事情は、第2章の1-2でも示したバフチンの以下の言葉に端的に表現されている。

> イデオロギー的現実〔文化〕は、経済的下部構造のうえに直接構築されている上部構造ですが、個人の意識は、このイデオロギーという上部構造を構築する建築家ではなく、イデオロギー記号という社会的建造物を栖とする、その住人にすぎません。(『マル言』p. 22、西口, 2013, p. 55)

つまり、われわれは**イデオロギー記号という社会的建造物を自らに染み入らせていただくことで、その(再)生産に関与できる主体となる**のである。

ヴィゴツキー(1896-1934)は、子どもにおける言語的思考の始まりから概念的思考(進んだ言語的思考)に至るドラマを、大きく生活的概念の発達の過程と科学的概念発達の過程に分けて描いている。ヴィゴツキーによると、学校教育を通して子どもにおける言語的思考はそれまでとは異なる独自の発達路線を歩み始めるのであり、学校教育あるいはその具体化である授業は、さまざまな科学的概念の教授を通してそうした新たな言語的思考の発達を促進する特別な社会的環境である(西口, 2013, pp. 67-69)。このような子どもにおける言語的思考の発達の研究はヴィゴツキーの主要な研究成果と言ってよいのだが、実際にはヴィゴツキーの関心は、ヴィゴツキー(1932-34/2002; 1929/2008)などの著作で知られるように、より広く人間の人格の発達全般に向けられている[9]。そして、ヴィゴツキーの研究は、バフチンと同様に、マルクスの関係主義的存在観に基づいており、また心理の記号(中でもことば)による媒介性を枢要な視点として採用している。つまり、ヴィゴツキーの関心と研究の視点は、実際にはバフチンの人間のイデオロギー的形成への関心とそれについての視点と重なるのである。

バフチンの研究とヴィゴツキーの研究をかけ合わせることで、われわれは**生活世界**と**生活主体**、そして、それらの発生と拡張という見取り図を得るこ

---

9 ヴィゴツキーの初期の著作を見ると、ヴィゴツキーの関心はさらに広く類人猿からヒトへの系統発生そしてヒトから人間への発達の社会文化史にも及んでいることがわかる。そうした事情については、本書の補章で論じている。ヴィゴツキーの他にBerger and Luckmann も、第一次的社会化と第二次的社会化という2階層に分けて個人における社会の内在化の過程を説明している(Berger and Luckmann, 1966/1977, pp. 149-166、邦訳 pp. 196-222)。

とができる。
　乳児は、大人が生活世界を経験するようには世界を経験して生きてはいない。乳児にとっては、社会文化的な生活世界はまだ実存として存在しておらず、乳児はまだ生活世界を経験する生活主体とはなっていない。幼児になると子どもは、**日常的な生活世界**でさまざまな活動をことばを伴いながら運営できるようになる。この段階になってはじめて子どもは日常的な生活世界を経験することができるようになり、子どもにとって日常的な生活世界が実存となり、そこで同じく日常生活を経験する他者と交わって社会的交通に従事するようになる。つまり、子どもは**日常的な生活主体**となるのである。しかし、幼児が使うことばは大人と同様の言語的思考に基づくことばではない。子どもの言語的思考は、まだ**直観的思考**(『思考と言語』p. 181、西口, 2013, pp. 69-70)に留まっていて、概念的思考には至っていない。子どもが自覚性と随意性のある概念的思考ができるようになり体系性のある真の概念を発達させるのは、小学校の教育で行われるさまざまな科学的概念の教授と学習を通してである。就学以前の子どもを**子ども的生活主体**と呼ぶとすれば、そのようにして小学校を終える頃の子どもは、大人と同じような概念的思考が一定程度できるようになっている**少年少女的生活世界**で生きる**少年少女的生活主体**となると言ってもよいだろう。そして、子どもはさらに教育を受け、またさまざまな活動や経験を経て、やがて大人として生産活動を含む生活活動に従事することができる**成熟した生活主体**となっていくのである。

2-4　対話的主体

　事態や出来事を経験でき、社会的交通に従事できるようになっている人間というのは、言ってみれば、**身体技法と認知技法と声が充填された動物**である。そして、言語活動従事に焦点を当てるならば、人間は、そのように充填された**声に制御される動物**(voice-regulated animal)となる。そして、第1章と第2章で論じたことばのジャンルがその声の内実となるのである。
　学齢期前の子どもも、日常的な生活世界を経験し日常的な社会的交通に従事できるので、声に制御される動物の一種と言える。しかし、そうした子どもは、先にも論じたように、まだ生活的概念に基づく直観的思考しかできず、その後の学校教育を含む多種多様な活動への従事を経て概念的思考と真

の概念（ヴィゴツキー，1934/2001, pp. 161-167）を高度に発達させてさまざまな視点を習得している大人とは大きく異なると言わなければならない。そのような子どもと比べると、大人というのは、**成熟した、声に制御される生活・言語主体**である[10]。

われわれが研究で観察対象とする成人というのは、そのような成熟した生活・言語主体である。また、われわれが研究の対象とする社会的交通というのは、特に断りがないかぎり、そのような生活・言語主体が同じ生活世界に属する他の生活・言語主体と接触・交流して相互的に構成し共同的に経験される存在の出来事である。存在の出来事としての社会的交通に関与しそれに従事するそうした主体を**対話的主体**と呼ぶことにしよう。そうすると、対話的主体とは、**ことばによって表示される各自固有の多層的で多元的な実存的経験の沈殿をリソースとして社会的交通に従事する主体**となる。

そのような対話的主体において他の対話的主体との接触・交流でことばあるいは発話はどのように立ち現れるのであろうか。また、対話的主体はどのように存在の出来事を構成し経験するのであろうか。次節ではそのようなテーマについて論じる。

3. 対面的な社会的交通への対話原理の視座

3-1　対話者たちの共通の領域としての発話＝外言

対面的な社会的交通の重要な要因として、対話原理は4つの要因を指摘する。(1) 発話＝外言は話し手と聞き手との共通の領域であること、(2) 内言と外言は連続体であること、(3) ポリフォニー、そして(4) 能動的応答的理解、の4つである[11]。はじめに、発話＝外言は話し手と聞き手との共通の領域であるということについて論じる。

バフチンは、『マル言』の「記号の哲学と客観的心理学」の章で、心的経

10　ただし、「成熟した」という用語を用いているが、「成熟」の内実は一様ではなく、多様であり、多元的である。そして、それは直接に人格の多様性と関連する。

11　これらの要因は、対面的な社会的交通に限らず、書記言語によるものを含めた社会的交通一般に当てはまるものであるが、当面は、より原初的な社会的交通の形態である対面的な社会的交通を素材として議論するのがわかりやすいと判断してそのようにしている。バフチンも自身の著作でそのようなスタンスで議論している。

験(心的過程を経て内的記号になるもの)と外的記号(以下の引用ではイデオロギー記号)について「内的記号の脈絡のうちに組み入れられない外的記号、つまり理解もされず経験もされえない外的記号は、記号ではなくなり、物理的な物質に転化してしまいます」(『マル言』p. 83)と指摘した上で、次のように論じている。

> **心的過程はイデオロギー〔記号〕に充たされることによって生きております。それと同時に、イデオロギー記号も、心理内に移入され、そこで経験されることによって生きております。**心的経験とは、いずれ外的なものとなる内的なものです。イデオロギー記号とは、いずれ内的なものになる、外的なものです。(『マル言』pp. 83-84)

バフチンの見解は、心的経験と外的記号は、生体内の心理過程においても対話者間の相互的な言語心理過程においても相互変換の関係にあるということである。この部分は心理とイデオロギー記号一般について論じられているのであるが、ことばを媒介とした対面的な社会的交通に引きつけて理解すると以下のようになる。すなわち、社会的交通の表面として観察されることばは、実際には物理的な音声にすぎない。そうしたことばは、生きた他の誰かによって受け取られなければ、つまり、生きた他の誰かの心理内に移入されそこで経験されることがなければ、生きた発話となることはできない、ということである。

第1節で論じたように、わたしたちは自分自身つまり「自分にとってのわたし」(『行為』p. 83)を記号による媒介なくして経験をすることはできない。そうした事情を述べているのが上の引用の最初の文である。そして、外言として物質化されたことばは他者によって引き受けられ、生きた他者の心理の中で「わたしにとってのあなた」(『行為』p. 83)として受け取られない限り、実存の声とはならないと論じているのが第2文である。そして、第3文と第4文は、ことばが一方で**いずれ外言化される「自分にとってのわたし」**であり、他方で**外言化されたことばは相手において「わたしにとってのあなた」**となり、そうしたことが相互的に行われることで存在の出来事が共同的に成立するという事情を巧みに言い表しているのである。バフチンは、他のとこ

ろで、そのような発話の媒介性を「わたし」と他の人たちとの間に架けられた橋に譬え、それは**話し手と聞き手とが共有する共通の領域**であると言っている（『マル言』p. 188）。

3-2 内言と外言の連続体
1-2 で論じた、一つの声あるいは現象の奥にある両義性や多義性に関しては、内言と外言についてのバフチンの見解を検討しなければならない。

> 発話行為の過程は、広く解するなら、内的な発話活動と外的な発話活動との過程です。これには全く切れ目がありません。初めもなければ終りもありません。外に実現された発話は、内的発話の岸辺なき大海の中から浮上してきた一個の島のごときものです。この島の規模・その形態は、発話をとりまく一定の状況とその発話を受けとる聴衆とによって規定されているものです。状況と聴衆との圧力で、内的発話は、一定の形態をもち、一定の規模をもった外的発話として実現されることになります。外的発話は、さらに、言葉化されない日常的な脈絡の中に組み入れられ、その中で身振りや行為によって、あるいは当の発話に関与した聴き手たちの言葉による応答などによって補足されることになります。（『マル言』p. 212）

ここでのバフチンの論を整理すると以下のようになる。

(1) 発話行為の過程（英訳では the process of speech）は、外的な発話つまり外言を直截に生み出す過程ではなく、内的な発話活動と外的な発話活動（英訳では the process of inner and outer verbal life）の連続体である。

(2) 外に実現された発話＝外言は、内言という「大海」から浮上してくる「島」のようなものであり、それは状況と聴衆との圧力で一定の形態と規模をもった外的発話として押し上げられるように実現される。

(3) 外言は、言葉化されない日常的な脈絡（英訳では unverbalized behavioral context）の中に組み入れられ、その中で身振りや行為によって、あるいはその発話に関与した聞き手たちの言葉による応答などによって補

足される。

　これを要約すると、一つの声つまり外に実現された外言は、内言という「岸辺なき大海」から押し上げられた「島」である。それは、別の譬えで言うと、海面上に顔を出している氷山の一角のようなものであり、その氷山全体は身振りや行為などによって補足されている。そして、海面上に出ている氷山の一角つまり外言の背後では多種多様な声がせめぎ合うようにあって響き合っているのである。バフチンの言う一つの声あるいは現象の奥にある両義性や多義性はこのような構造を基盤として生じる現象なのである。

3-3　声とポリフォニーと対話的交流
　西口(2013)では、対話的交流のただ中にある生きた主体のそのような心理すなわち外言と内言の総体を**対話的空間**と呼んだ(西口, 2013, p. 138)。社会的交通というのは、そのような**一つの対話的空間ともう一つの対話的空間が交わり合って相互的に構成し共同的に経験される存在の出来事**である。そして、対話者たちはそこで相互にことばを差し向け合う。バフチンにおいて、実際に生きる対話者たちの接触・交流で立ち現れることばは、**声**(voice)として捉えられる。それは、**人格としての声であり、意識としての声**(speaking personality, speaking consciousness、Holquist, 1981, p. 434)である。

　　　声の定義、それは高さも、声域も、音色も、(叙情的、劇的といった)美学的カテゴリーも含む。それは人間の世界観や運命も含む。人間は全一的な声として対話に加わる。彼はこの対話にその思考によって参加するだけでなく、その運命、その個性のすべてによっても参加するのである。(『改稿』p. 263)

　バフチンの言う**対話**あるいは**対話的交流**とは、具体的な一つの意識ともう一つの具体的な意識との間で営まれる接触・交流である。そうした接触・交流は表面上の言語的な現象としては外言のやり取りとならざるを得ないわけであるが、生きている人間の意識ともう一人の意識の間での接触・交流である限り、それは**ひしめき合う内言と外言のポリフォニックな対話**となる。そ

して、ひしめき合う声は、相互的に意識の対話的存在圏(『ドフトエフスキー論』p. 565, 3-1-3)、**意識の対話的アリーナ**を織り成すのである。

3-4　能動的応答的理解

　人と人との接触・交流についての根本的な不思議は、対話の一方の当事者にとっては、他方から自身に差し向けられたことばは物理的な音声に過ぎないにもかかわらず、なぜそれを適正に理解して応答ができるのか、である。対話者本人はそれぞれ、自分は心のある存在であり、自身のことばは実存の中で途切れることなく生きている自身の心理や思考そのものだと見なしている。そして、それまでも実存の世界で生きてきた対話の相手も自分と同じように心のある存在で、そのことばは相手の心理や思考の具象化であると見なす。

　そのような特段に意識することのない自然な見なしに基づいて、対話者は自身に差し向けて外に出された相手からのことば＝外言について位置決定をする(『マル言』pp. 226-227)。つまり、相手から差し向けられた物理的な音声に対して然るべき脈絡の中での然るべき位置を見出してやって、生きた「わたしにとってのあなたの声」として自身の対話的空間の中に定位する。そして、そのように相手からのことばを対話的に定位すると同時に、それへの応答の心理や思考つまり「自分にとってのわたしの声」を立ち現せて、その一部を外言化して相手に返す。こうした言語心理過程がバフチンの言う能動的応答的理解(『マル言』p. 227、西口, 2013, p. 43 と p. 97)であり、そうした過程の相互的繰り返しが社会的交通を駆動するのである。

　『マル言』と『ドストエフスキー論』の第2版の間には30年以上の時間的隔たりがある。その間の1934年にバフチンは『小説』を書いている。本章で論じたようにバフチンが対話原理を人間の存在の基本原理にまで高めたのは『ドストエフスキー論』の第2版であるが、『小説』においてバフチンはそのようなモチーフを提示している。本章の結びと次章へのつなぎとしてその部分を紹介しておく。

　　　言葉はまったく客体的に(本質的に物として)知覚されることがありうる。

大多数の言語学の諸部門における言葉がそうである。そのような客体的な言葉においては、意味も物化される。このような言葉に対しては、深くアクチュアルな理解のすべてに内在する対話的なアプローチは不可能である。それゆえこの場合、理解は抽象的なものとなる。それは言葉のになう生きたイデオロギー的意義 ― その言葉が真実なのか、あるいは虚偽なのか、重要か、それとも無価値なのか、美しいか、それとも醜悪かといった ― から全く切り離されてしまう。このような客体的な、物的な言葉の認識は、認識される意味へのあらゆる対話的洞察を欠いてしまう。このような言葉と対話を交わすことはできない。(『小説』p. 174)

第4章

社会的交通と発話と内言

はじめに

　前章では、対話原理が指摘する重要な要因として、(1)発話＝外言は話し手と聞き手の共通の領域であること、(2)内言と外言は連続体であること、(3)ポリフォニー、そして(4)能動的応答的理解という4つの要因について論じた。本章では、社会的交通の観察可能な言語的な表面を出発点として、そのような要因に注目して実際の対面的な社会的交通の現実の様態を示すことを試みる。そして、次章では、逆に、そうした社会的交通が発現する基底の構造について検討する。

1. 社会的交通の展開と外言と内言

1-1　外言に基づく社会的交通の展開

　まず、プロトコル1を見てほしい。これは、実際に行われたやり取りで、何気ないごく日常的な道聞きの会話である。

　　プロトコル1：
　　1K：　すみません。東大正門前は、こっちで、いいんですか。
　　2P：　はい。この道を、ずーっとまっすぐ行っていただくと、右手にあります。
　　3K：　ああ、ありがと

（2012年7月14日付、筆者メモ）

このやり取りをプロトコル2のように、中央に外言のやり取りを、そしてその左右に対話者の対話的空間(3-3-3)を配置して、その様態を見てみよう。先に言ったように、生体の外に出された外言は物理的な音声に過ぎない(3-3-1)。そのような特徴を表すために外言のやり取りはカタカナで示した。KとPの外言を区別するためにPの外言は少し右寄せにしてある。それに対し、対話的空間にあることばつまり対話当事者の心理や思考は当事者にとって実存的なものなので漢字仮名交じりで示す。そして、対話者本人の外言と対応する「自分にとってのわたしの声」(3-3-1)は□で、「わたしにとってのあなたの声」は「/　/」で示した。両矢印は、下が上と応答の関係になっていることを示している。

プロトコル2

Kの対話的空間	外言のやり取り	Pの対話的空間
すみません。東大正門前は、こっちで、いいんですか。	1K：スミマセン　トーダイセーモンマエハ　コッチデ　イインデスカ	/すみません。東大正門前は、こっちで、いいんですか/
/はい。この道を、ずーっとまっすぐ行っていただくと、右手にあります/	2P：ハイ　コノミチヲ　ズーットマッスグ　イッテイタダクト　ミギテニアリマス	はい。この道を、ずーっとまっすぐ行っていただくと、左手にあります。
ああ、ありがと。	3K：アア　アリガト	/ああ、ありがと/

　発話は話し手と聞き手とが共有する共通の領域である(3-3-1)。プロトコル2として示された状況は、そのような事情を反映した社会的交通の現実の基本的な様態を示している。さらに社会的交通の様態についての検討を進めよう。

1-2　外言と内言に基づく社会的交通の展開

　以下で検討するプロトコル3からプロトコル11と、プロトコル22と、プロトコル24からプロトコル26はいずれも、映画『Always 三丁目の夕日』の一シーンである。舞台は1958年の東京である。

自動車会社の秘書になるという夢を抱いて集団就職で東京に来た主人公の六子が着いたのは、鈴木オートという小さな自動車修理工場だった。六子は夢と現実の落差に大きなショックを受け、鈴木オートの家族と夕食を済ませた後に、下宿となる2階の部屋にもどる。プロトコル3は、その直後の茶の間での鈴木オート社長の則文と妻トモエとのやり取りである。

プロトコル3

1 トモエ： あの子、大丈夫かしらねえ。
2 則　文： あの年で自動車修理ができるってんだ。優秀なんだろ。
3 トモエ： そうじゃなくて。ハッ。何だかがっかりしてたみたいよ。
4 則　文： どうしてだよ？
5 トモエ： そりゃあ、うちが思ってたのと違ったんでしょ。
6 則　文： …？（トモエの顔を見る。）
7 トモエ： もっと立派な会社だと思ったんじゃない？ハア…。
8 則　文： 何だと。（新聞を置いて、立ち上がって六子のいる2階に行こうとする。）
9 トモエ： ね、ちょっと、違う違う！ あたしが…、あたしがそう思っただけだから。（則文の手を引いて、引き止める。）
10 則　文： うるさい！それならそれで、はっきりさせようじゃないか！

　プロトコル3は映画の中の一シーンであるが、上のような脈絡で実際に起こったやり取りであると見て、この社会的交通を検討する。まずは、プロトコル2の要領に準じてプロトコル3の1から4までの基本的な様態を見てみよう。提示が煩雑になるので、□で示される「自分にとってのわたしの声」は、同右や同左としている。「トモエ」はT、「則文」はNとしている。

プロトコル4

Tの対話的空間	外言のやり取り	Nの対話的空間
同右=	1T：アノコ、ダイジョーブカシラネ	/あの子、大丈夫かしらねえ/ ⇕
/あの年で自動車修理ができるってんだ。優秀なんだろ/	2N：アノトシデジドーシャシューリ ガ デキルッテンダ。ユウ シューナン ダロ。	=同左
⇕ 同右=	3T：ソウジャナクテ。ハッ。ナンダカガッカリシテタミタイヨ。	/そうじゃなくて。ハッ。何だかがっかりしてたみたいよ/ ⇕
/どうしてだよ？/	4N：ドウシテダヨ？	=同左

　プロトコル4では、外言化された一方の心理や思考が相手によって「わたしにとってのあなたの声」として受け取られ、さらにそれが応えられて外言が返されている様子（「/　/⇔□=外言」の流れ）が示されている。

　プロトコル3の1から4までのやり取りに対し、4以降は社会的交通は異なる様相を見せる。具体的には、6の沈黙と8の特徴あるイントネーション[1]を含んだ「ナンダト！」の部分である。この2つの部分についてNにおいて何が起きているか、またTが何に反応しているかを検討してみよう。

　まずは、プロトコル2の要領に準じて4から10までの基本的様態を図式的に示すと、プロトコル5のようになる。問題の部分の(1)と(2)の□には、該当することばを入れている。ただし、6に対応する部分は沈黙なので「…」となる。

---

[1] バフチンの言うイントネーションとは発話にかかっている固有の口調や話しぶりのことである。バフチンはイントネーションは「生活と発話の言語的部分との境界上にあって、あたかも生活状況のエネルギーをくみ上げて言葉のなかに移しているかのようである」（『生活』p. 32）と言い、発話行為におけるイントネーションの役割の重要性を強調している。以降でも、イントネーションと言う場合はそのような意味で言っている。西口（2013）の pp. 130-134 も参照。

プロトコル5

Tの対話的空間	外言のやり取り	Nの対話的空間
/どうしてだよ？/	4N：ドウシテダヨ？	＝同左
⇕		
同右＝	5T：ソリャア、ウチガオモッテタノトチガッタンデショ。	/そりゃあ、うちが思ってたのと違ったんでしょ/
		⇕
/ … (1)'/	6N：…？	＝ … (1)
⇕		
同右＝	7T：モットリッパナカイシャダトオモッタンジャナイ？ハア…。	/もっと立派な会社だと思ったんじゃない？ハア…/
		⇕
/何だと！(2)'/	8N：ナンダト！	＝何だと！(2)
⇕		
同右＝	9T：ネ、チョット、チガウチガウ！アタシガ…アタシガソウオモッタダケダカラ。	/ね、ちょっと、違う違う！あたしがそう思っただけだから/
		⇕
	10N：ウルサイ！ソレナラソレデ、ハッキリサセヨウジャナイカ！	＝同左

　プロトコル5の(1)'と(2)'においてTは「わたしにとってのあなたの声」として6Nや8Nをそれぞれ聴こうとする[2]わけであるが、「…」(6N)や「ナンダト」(8N)は社会的交通を一定の方向と内容に定位する言語記号としての実質を十分に備えているとは言いがたい。にもかかわらず、6Nの沈黙に対し、Tは7Tのように応えており、また、8Nに対し、9Tのように応えているのである。これはどういうことだろう。
　7Tは言うまでもなく、9Tも、Tに向けられた外言(6Nでは沈黙)にではなく、他の何かを聴いてそれに応えていると見ることができる。そして、そ

---

[2] 本書では、能動的応答的理解の作用として聞くことを強調する場合にこのように「聴く」と表記することとする。また、自身の心の声を聞くことを強調する場合も、「聴く」とする。

1. 社会的交通の展開と外言と内言

れは、先行のNにおける内言と考えるのが適当であろう。それは、概ね、6Nについては「違ってた？ そりゃあどういうことだよ？」というようなもので、8Nについては「（何だと！）もっと立派な会社？ あいつ、そんなふうに思ってんのか！」というようなものとなる。このような内言を対話的空間に補充するとプロトコル6のようになる。破線部(1)と(2)が補充された内言で、破線部(1)'と(2)'はそれについてのTにおける「わたしにとってのあなたの声」である。

プロトコル6

Tの対話的空間	外言のやり取り	Nの対話的空間
/どうしてだよ？/	4N：ドウシテダヨ？	
⇕		
同右 =	5T：ソリャア、ウチガオモッテタノトチガッテタンデショ。	/そりゃあ、うちが思ってたのと違ったんでしょ/
		⇕
/違ってた？ そりゃあどういうことだよ？(1)'/	6N：…？	= 違ってた？ そりゃあどういうことだよ？(1)
⇕		
同右 =	7T：モットリッパナカイシャダトオモッタンジャナイ？ ハア…。	/もっと立派な会社だと思ったんじゃない？ ハア…/
		⇕
/何だと！ もっと立派な会社？ あいつそんなふうに思ってんのか！(2)'/	8N：ナンダト！	= 何だと！ もっと立派な会社？ あいつ、そんなふうに思ってんのか！(2)
⇕		
同右 =	9T：ネ、チョット、チガウチガウ！ アタシガ…アタシガソウオモッタダケダカラ。	/ね、ちょっと、違う違う！ あたしがそう思っただけだから/
		= 同左
/うるさい！ それならそれで、はっきりさせようじゃないか！	10N：ウルサイ！ ソレナラソレデ、ハッキリサセヨウジャナイカ！	

このように示すと、下線部の7Tと9Tが各々補充された内言を含めた先行のムーブ[3]への応答であると認められることがわかる。

1-3 社会的交通における内言の介在

ここで重要なことは、われわれがそのような内言を誰もが認める形で正確に再現できるかどうかではない。そうではなくて、**何らかの内言が介在していると想定したほうが、内言を想定しない場合よりも、後続の相手の応答の立ち現れ方をより直截に説明できる**ということである。6Nと8Nの部分について言うと、上のように内言があると想定したほうが、7Tや9Tが立ち現れるのにふさわしい状況となるということである。その証左として、補充された内言が外言化されたとして、元のやり取りにそれを挿入して示すと以下のようになる。

プロトコル7

1 トモエ： あの子、大丈夫かしらねえ。
2 則 文： あの年で自動車修理ができるってんだ。優秀なんだろ。
3 トモエ： そうじゃなくて。ハッ。何だかがっかりしてたみたいよ。
4 則 文： どうしてだよ？
5 トモエ： そりゃあ、うちが思ってたのと違ったんでしょ。
6 則 文： (トモエの顔を見る。)違ってた？ そりゃあどういうことだよ？
7 トモエ： もっと立派な会社だと思ったんじゃない？ ハア…。
8 則 文： 何だと。(新聞を置いて、立ち上がって六子のいる2階に行こうとする。)もっと立派な会社だと！ あいつ、そんなふうに思ってんのか！
9 トモエ： ね、ちょっと、違う違う！ あたしが…、あたしがそう思っただけだから。(則文の手を引いて、引き止める。)
10 則 文： うるさい！ それならそれで、はっきりさせようじゃないか！

---

[3] ムーブ(move)はしばしば指し手と訳される。本書では社会的交通の展開への最小貢献単位のことをムーブと呼ぶこととし、それには第2節で検討する「え(っ)…」や「いや…」などや、さらには沈黙も含まれる。

このように対面的な社会的交通では、沈黙や特徴あるイントネーションを伴ったごく短い発話のムーブで、**内言を含むと認められる独自の状況**が生じることがある。本書では、対話的交流にあって内言が認められるような状況を一般に**対話的情況**と呼ぶことにする[4]。

1-4　内言が認められる状況

　同じ映画の中から内言が認められる対話的情況をいくつか拾ってみよう。以下のプロトコルでは内言は「└」の後ろに破線を引いて示している。各行の冒頭の番号は、筆者が作成したトランスクリプションの通し番号である。
　プロトコル8は、鈴木オートに着いたばかりの六子に則文が唐突に作業着を差し出す場面である。「んっ」という一言に則文のムーブの趣意が込められている。

プロトコル8
123 則　文：　んっ。(作業着を渡す)
　　　　　　　└んっ、これを着て！
124 六　子：　こいは…？、私が着るんだがあ？

　次に、プロトコル9は、大好きな『冒険少年ブック』を楽しみにして淳之介がうちに帰ってきたというシーンである。淳之介は事情があって茶川の元に預けられた小学校4年生の男の子である。ここでも「え…？」に発話者淳之介のムーブの趣意が込められている。

プロトコル9
672 淳之介：　ただいまあ。
673 茶　川：　おう。
674 淳之介：　『冒険少年ブック』来ましたか？
675 茶　川：　あ…。え？あれ？今月号休みだぜ。

4　そして、本章の以降の議論で明らかになるように、対話的交流における状況は実際にはどれも対話的情況なのである。

676 淳之介 ： え…？
　　　　　　└え？ 休み？ 全然知らなかった。そんなことあるの？
677 茶　川 ： 何だ、知らなかったのか？ なんかー、出版社の都合らしい。
678 淳之介 ： そうなんですか。

　次のプロトコル10は、行方不明になって大人たちが大騒ぎをしていた一平と淳之介がようやく帰宅してきたシーンでのやり取りである。

プロトコル10
830 トモエ ： ほんとに心配かけて…、どこ、行ってたの？
831 一　平 ： 高円寺。
832 則　文 ： 高円寺？
　　　　　　└そんな遠いところへ？ 何しに？
833 一　平 ： 淳ちゃんのお母ちゃん、捜しに。

　プロトコル11は、淳之介が、会ったばかりの本当の父親である川渕に引き取られて、車に乗せられた場面である。

プロトコル11
1038 川　渕 ： そんな物（淳之介が茶川からもらった万年筆－筆者注）、置いていきなさい。
1039 淳之介 ： でも…。
　　　　　　└でも、これはぼくがおじさんにもらった物だから、持って行っていいでしょ。
1040 川　渕 ： 今日からお前は何でも一流の物を使うんだ。そんな三流品は川渕家の人間に、ふさわしくない。

　そして、いずれの社会的交通においても、プロトコル7の場合と同様に、下線部の応答は、破線部の情況に対して応えていると認められるのである。

2. 社会的交通の多声性

2-1 他者に聴こえる内的な声

　本節では、社会的交通におけるさまざまな多声性の諸相を見ていく。はじめに、前節のプロトコル7からプロトコル11のように、ムーブとして行われそれによって醸成される対話的情況に対して応えている例を見てみよう。プロトコル12はWiddowson(1978)の例である。

プロトコル12
A： That's the telephone.
B： I'm in the bath.
A： OK.

　夫は自分の部屋かどこかにいる。そして、彼は妻が電話のある居間あるいはその近くにいると思っている。そんな状況で電話が鳴る。プロトコル12は、そんな状況でのやり取りである。これは、実は、会話の一貫性（coherence）という概念を説明するためにしばしば引き合いに出される例であるが、他者に聴こえる内的な声という現象を説明するための好例となる。Widdowson自身、実際に内言を補っているのである。（　　）は、Widdowson自身による補充である。

プロトコル13
A： 電話だよ。（出てくれる？）
B： （ごめん、出てくれる？）今、お手洗い。
A： わかった。（ぼくが出るよ。）

（Widdowson, 1978, p. 29、筆者訳）

　他に、例えば、Widdowson(1983)は以下のような例を挙げている。聴かれる内的な声は破線部として示している。

プロトコル14
A： 今晩の劇場のチケットが2枚あるんだけど。
　　　└よかったら、いっしょに行かない？

B： あした、テストなんだよ。
　　　└行きたいけど、行けない。残念。

A： ああ、残念。
　　　└せっかくチケットがあるのに。

（Widdowson, 1983, p. 43、筆者訳）

このような例は日常的にもごくありふれている。身近な例を一つ挙げてみよう。

プロトコル15　犬の散歩のついでに、近所に住む友人を訪ねようとする。
夫： （道路を渡ろうとする。）渡ろうか。
　　　　　　　　　　　└今、車、来てないし。

妻： （ややそちらの方に体を向けるが）
　　 ああ、留守だわ。
　　　└だから、渡らないよ。残念ながら、今日は、だめだねえ。

夫： （ブラインドが閉まっているのを見て）ああ、ほんと。
　　　　　　　　　　　　　　　　　　　└だめだねえ。

（2014年11月23日付、筆者メモ）

これらのひじょうに短い発話によるやり取りは、破線部のような内言も聴かれて運営されていると言えよう。バフチン自身は以下のような例を挙げている[5]。

5　語用論の議論では、このような例が多数提示されている。例えば、Sperber and Wilson（1986）においては、そのような例をふんだんに提示して、それまでの語用論の各種の理論を対比しながら、かれらの言う意図明示推論的伝達（ostensive-inferential communication）を説明している。

2. 社会的交通の多声性　　71

プロトコル16 とっくに春になるはずの5月。なのに、外は雪。二人はうらめしそうに降る雪をながめている。

A： やれやれ。
　　└もう春になってもよさそうなのに、この雪だ！
B： (ただ、外の雪を見続けている。)　　　　　　　　(『生活』p. 17)

プロトコル17 面接官がごく簡単な質問をいくつかするが志願者は一言も答えられない。

面接官： まったく。
　　　　└なんだ、そんな程度で志願してきたのか。ひどいもんだ。
　　　　　もう少し何とか答えてくれれば何とか検討できるのに。
志願者： (赤面して、おずおずと立ち去る。)　　　　(『芸術』p. 157)

2-2　心の中の声

　次に、一方の対話者における「自分にとってのわたしの声」とでも言うべき現象を見てみよう。先のプロトコル1は、実は、筆者自身が経験した社会的交通である。そして、なぜこの社会的交通を例として出したかというと、道聞きという何気もないごく日常的な社会的交通ながら、その最中に筆者自身が、相手から自身に向けられた発話＝外言に対してさまざまな「自分にとってのわたしの声」を聴いたからである。まずは、当該の社会的交通を背景説明を加えてプロトコル18として再掲する。

プロトコル18

Kは出張の仕事を終えて、何度か利用したことがある本郷通りの東大正門前近くにある宿に向かっている。いつものように丸の内線の本郷三丁目の駅を出て、本郷三丁目交差点を渡る。しかし、久しぶりだったので、本郷通りが3つの方向のどの道だったかよくわからなくなる。横断歩道を渡ったところに都合よく交番がありその前に警察官が立っていたので、Kは警察官に道を尋ねることにした。

1K： すみません。東大正門前は、こっちで、いいんですか。
2P： はい。この道を、ずーっとまっすぐ行っていただくと、右手にあります。

3K：　ああ、ありがと

　Kは筆者で、Pは警察官である。そして、対話の当事者であるKは、「ずーっとまっすぐ」を聞いたときに「ずーっとまっすぐ？　ずーっと？」という違和感を覚え、「右にあります」を聞いたときに「それは知っている！」との自身の声を、そして最後に「おー、教科書のようなやり取り」との自身の声を聴いたのである。これらの声をプロトコル2に加えて示したのがプロトコル19である。いずれもゴチック体で示している。2Pの発話については、提示の便宜上、5つの部分に分けて提示している。

プロトコル19

Kの対話的空間	外言のやり取り	Pの対話的空間
すみません。東大正門前は、こっちで、いいんですか。	1K：スミマセン　トーダイセーモンマエハ　コッチデ　イインデスカ	すみません。東大正門前は、こっちで、いいんですか/
/はい/	2P1：ハイ	はい。
/この道を/	2P2：コノミチヲ	この道を
/ずーっとまっすぐ/ ずーっとまっすぐ？ ずーっと？	2P3：ズーットマッスグ	ずーっとまっすぐ
/行っていただくと/	2P4：イッテイタダクト	行っていただくと
/右手にあります/ それは知ってる！	2P5：ミギテニアリマス	右手にあります。
ああ、ありがと。おー、教科書のようなやり取り。	3K：アア　アリガト	/ああ、ありがと/

　本プロトコルのやり取りのメモ（2012年7月14日付、筆者メモ）とその状況からすると「ずーっとまっすぐ？　ずーっと？」の違和感の内実は、「ずーっとまっすぐ？　ずーっと？『ずーっと』って何？　遠い？　東大正門前までそんな遠くないでしょ」というものだと推測される。そして、それらほど意識されたものではないが、このやり取りの最中にKにおいてはその他にも小さな心の中の声があったことを記憶している。それらも合わせて心の中の声として

2. 社会的交通の多声性

再現すると以下のようになる。□内はプロトコル４の要領に準じて、同右 や 同左 とした。「＝」の意味もプロトコル４の場合と同様である。

プロトコル20

Ｋの対話的空間	外言のやり取り	Ｐの対話的空間
同右 ＝	1K：スミマセン トーダイ セーモンマエハ コッチデ イインデスカ	/すみません。東大正門前は、こっちで、いいんですか/
		⇕
/はい/ああ、やっぱり。わかった。	2P1：ハイ	＝ 同左
/この道を/わかったから、もういいよ。	2P2：コノミチヲ	＝ 同左
/ずーっとまっすぐ/ずーっとまっすぐ？ ずーっと？『ずーっと』って何？ 遠い？東大正門前までそんな遠くないでしょ。	2P3：ズーットマッスグ	＝ 同左
/行っていただくと/うんそう。で、右！	2P4：イッテイタダクト	＝ 同左
/右手にあります/それは知ってる！	2P5：ミギテニアリマス	＝ 同左
⇕		
同右 ＝ おー、教科書のようなやり取り。	3K：アア アリガト	/ああ、ありがと/

一方で、Ｐにおいても多かれ少なかれ心の中の声があったものと推測される。それらも仮想的に再現し補充してみると、例えば以下のようになる。

プロトコル21

Ｋの対話的空間	外言のやり取り	Ｐの対話的空間
同右 ＝	1K1：スミマセン	/すみません/来た。どこ行くの？

74　第４章　社会的交通と発話と内言

	同右=	1K2：トーダイ セーモン マエハ	/東大正門前は/ああ、東大正門前ね。東大に用事？
	同右=	1K3：コッチデ イインデスカ	/こっちで、いいんですか/そう。今日は暑いし、けっこう遠いですよ。 ⇕
/はい/ああ、やっぱり。わかった。		2P1：ハイ	=同左
/この道を/わかったから、もういいよ。		2P2：コノミチヲ	=同左
/ずーっとまっすぐ/ずーっとまっすぐ？ ずーっと？『ずーっと』って何？ 遠い？ 東大正門前までそんな遠くないでしょ。		2P3：ズーット マッスグ	=同左
/行っていただくと/うんそう。で、右！		2P4：イッテイタダクト	=同左
/右手にあります/それは知ってる！ ⇕		2P5：ミギテニアリマス	=同左
おー、教科書のようなやり取り。	同右=	3K：アア アリガト	/ああ、ありがと/今日は暑いし、けっこう遠いので、お気をつけて。

　これらはいわば、相手には聴き取られないあるいは聴き取られる必要のない密かな内言である。

2-3　想定される内言

　対話的情況ということに関連して、プロトコル4を再度検討してみよう。1-3では、プロトコル4は社会的交通の基本的な様態として提示した。しかし、プロトコル3の1から4の社会的交通においても実際には内的な声の響きということが十分な合理性をもって想定することができる。そのような内的な声を補って社会的交通の様態を仮想的に示すとプロトコル22のようになる。内的な声＝内言はゴチック体で示している。

プロトコル22

Tの対話的空間	外言のやり取り	Nの対話的空間
同右＝すごくがっかりしてみたいだし、心配だわ。	1T：アノコ、ダイジョーブカシラネ	/あの子、大丈夫かしらねえ/大丈夫だろ。心配する必要はない。
/あの年で自動車修理ができるってんだ。優秀なんだろ/	2N：アノトシデジドーシャシューリ ガ デキルッテンダ。ユウシューナンダロ。	⇅ どこで覚えたんだか＝同左 履歴書にも堂々と「特技：自動車修理」って書いてあるんだから。
⇅ 同右＝東京の会社って言ってもこんなちっぽけな自動車修理工場じゃねえ…	3T：ソウジャナクテ。ハッ。ナンダカガッカリシテタミタイヨ。	/そうじゃなくて。ハッ。何だかがっかりしてみたいよ/
/どうしてだよ？/	4N：ドウシテダヨ？	⇅ ＝同左

　バフチンは発話＝外言について、それは誰の発話であるかという面と誰に向けられた発話であるかという面の2つの面をもった行為であり(『マル言』p. 188)、一つの発話＝外言は話し手と聞き手とが共有する共通の領域であると論じていた(『マル言』p. 188、3-3-1)。プロトコル21やプロトコル22における外言を挟んだ「□＝外言／／」のラインの関係はそのような事情を直截に示している。また、それらのプロトコルでは、対話者の心の中の声を仮想的に示した。バフチンは外に実現された発話は、内言の岸辺なき大海から浮上してきた一個の島のごときものだと言っている(『マル言』p. 212、3-3-2)。プロトコル21やプロトコル22の中のゴチック体の部分はそうした内言の一部が仮想的に示されたものである。プロトコル21とプロトコル22は、社会的交通というもののポリフォニックな様態を模式的に示すものとなっているのである。

　ところで、プロトコル21のさまざまな内言は基本的には相手に聴き取られていないだろう。それは、当面の社会的交通の目的と直接関係はなく、そのため伝えようとする素振りも見られないからである。特に、Kのほうの内言は相手に失礼にあたるものが多いので、積極的に隠蔽されていると言って

よい。これに対し、プロトコル22の内言は、それぞれの心的状況が自然に発露されてよいもので、実際にイントネーションや表情や素振りで「発信」されていると言ってよい。そしてそこで、それぞれの内言が相手に聴き取られているかというと、まさにその内言が聴き取られているとは言えないだろうが、そうした内言に対応するような相手の気分は受け取られていると言っていいだろう。本節で論じている対話的情況を知るというのは、本来、確定した内言を知るということではなく、仮に示された内言に対応するようなその場における相手の心の情況を知るということなのである。

2-4　ポドテキスト

　対話者の心の中の声ということについては、ヴィゴツキーもポドテキスト（内面的意味）という現象を提示して議論している（『思考と言語』pp. 422-429）。ポドテキストというのは発話＝外言の背後にある思想や願望である。ヴィゴツキーによると、演劇家のスタニスラフスキーは脚本の本文に並行して登場人物の思想や願望の運動を書き付け、それを劇の中で再現しようとする試みをしている[6]。以下の例は、ヴィゴツキーが提示しているグリボエードフの戯曲『知恵の悲しみ』の中のチャッキーと元恋人ソフィアのセリフへのスタニスラフスキーの解釈によるポドテキストである[7]。プロトコル23では各々「チ」と「ソ」としている。レイアウトやフォントの使い分け等は筆者の工夫による。

---

[6]　スタニスラフスキー・システムという演技理論となっており、俳優の養成にも応用されている。

[7]　ヴィゴツキー自身は『知恵の悲しみ』からの一節とは言及していない。同戯曲からの一節であることは、土井捷三先生からご教示をいただいた。

プロトコル 23

チャッキーのポドテキスト	外言のやり取り	ソフィアのポドテキスト
	1ソ：ああ、チャッキー、私はあなたに会えて本当にうれしい。	狼狽をかくそうとしている。
嘲笑によって恥じさせようとしている。**はずかしくないのか！** 本当のことを吐かせようとしている。	2チ：御無事で、うれしいだって。 しかし、誰が心からそんなに喜んでいるんですか？ とうとう、人も馬も凍ってしまったのに、私だけが楽しんでいるようだ。 〈中略〉	
	3ソ：いつだって、いまだけでなく、あなたは私を叱ることなんかできないでしょう。	チャッキーをなだめようとしている。**私が悪いことは何もないのです！**
この話は打ち切ろう！（私はあなたを信じない。あなたは、私をなだめるためにそんな慰めの言葉を言うのだ。あなたは、あなたがどれほど私を苦しめているのか、わからないのか。私はあなたを信じたい。それは、どんなに私にとって幸せなことだろう。）	4チ：そうだとしておこう、信じるものに、幸せあり、世間も暖かくしてくれよう。	

　プロトコル 23 では、中段がセリフで、左右の段がそれぞれの人物のポドテキストで、その中で強調部はセリフの背後で響いている思想を表し、強調

なしの部分は願望を表している[8]。例えば、4チの中の「信じるものに、幸せあり、世間も暖かくしてくれよう」の背後にある思想をスタニスラフスキーは「この話は打ち切ろう！」だとしている。ヴィゴツキーは、同じ句をソフィアに向けた「私はあなたを信じない。あなたは、私をなだめるためにそんな慰めの言葉を言うのだ」という別の思想の表現と見ることもできると言い、さらに同じ句の中に「あなたは、あなたがどれほど私を苦しめているのか、わからないのか。私はあなたを信じたい。それは、どんなに私にとって幸せなことだろう」との思想が表現されていると考えることもできると解説している。これらはいずれもチャッキーのポドテキストとしてプロトコル23で（　　）内に示している。

　ポドテキストの議論は、演劇のセリフをめぐる議論ながら、生きている人間のことば＝声の背後には外言には表されない思考があることを示している。ヴィゴツキー自身も「生きた人間によって語られる生きた句は、つねにその言葉に現わされない内面的意味（ポドテキスト）、その裏にかくされた思想を持っている」（『言語と思考』p. 425）と論じている[9]。プロトコル23は、社会的交通が内言をも含めてポリフォニックになっていることを示すもう一つの例となっているのである。

　1-4の場合と同じように映画『Always 三丁目の夕日』から興味深いポドテキストが観察される例を見てみよう。はじめに、プロトコル24の200の「うるさいな、もう」と「お勘定」の背後には、それぞれ「あんたには関係ないだろ」と「もう帰る」という茶川の思考があると想定できる。映画の中では、これらはいずれもそのような思考あるいは心理を伴っていると認められるイントネーションと態度で話されている。

プロトコル24
　199則　文：　また何かに落選したか？

---

[8] 引用中の強調なしの部分についてヴィゴツキー自身は直接は言及していない。しかし、これも土井捷三先生からご教示いただいたのだが、強調なしの部分はいずれもロシア語では"khochet"（〜を欲する）となっているので、その部分は願望となる。

[9] すでに明らかなようにヴィゴツキーは思想という言葉を広義と狭義の両様で使っている。この引用では、狭義の思想と願望を含めて広義に思想と言っている。

200 茶　川：　うるさいな、もう。ほっといてくれよ。
　　　　　　　└あんたには関係ないだろ。
　　　　　　あ、ヒロミさん、お勘定。
　　　　　　　　　　　　└もう帰る。
201 則　文：　何だよ、お前。図星かよ。
202 ヒロミ：　先生ちょっと待って。

　次のプロトコル25の134のふた言の背後にはそれぞれ、点線部のようなポドテキストが認められるだろう。それに続く六子のがっかりした様子はその証左ともなっている。

プロトコル25
131 六　子：　あのう…、私は一体ここで何をすれば…？
132 則　文：　車の修理に決まってんだろ。
133 六　子：　いえ、あのー、社長秘書さんとか、そういう仕事ではねんですか？
　　　　　　　└わけのわからないこと言ってるなあ。
134 則　文：　フッ。面白いな、お前。
　　　　　　　└うちのどこに「社長秘書」の仕事なんかあるんだ。

　　　六子、がっかりした様子。

　最後に、プロトコル26はプロトコル10の延長である。832の「高円寺？」と834の「淳之介の？」の背後ではそれぞれのポドテキストが響いている。

プロトコル26
830 トモエ：　ほんとに心配かけて…、どこ、行ってたの？
831 一　平：　高円寺。
832 則　文：　高円寺？
　　　　　　　└そんな遠いところへ？ 何しに？
833 一　平：　淳ちゃんのお母ちゃん、捜しに。

```
834 茶  川：  淳之介の？
              ┗淳之介のお母さんを捜しに？ 何でそんなこと、知っ
              てるんだ？
```
淳之介、茶川の腕の中でうなずく。
```
835 一  平：  でも、結局…、お母ちゃんには会えなくて。（トモエに倒れ
              かかる）
```

　832の『高円寺？』の背後にある思考＝ポドテキストは833で応えられ、834の『淳之介の？』のポドテキストについてはその前半部のみがその次の淳之介のうなずきによって応えられている。以上のような例も、社会的交通のポリフォニックな様態を示している。

3．社会的交通の現実

3-1　他者の思想と動機

　ヴィゴツキーは先のポドテキストに関連して、ポドテキストと対話者の思想について次のような見解を提示している[10]。

> 　思想は言語表現に直接に一致するものではないという結論に達する。…思想は、つねにある全体をなし、その延長や容量において個々の単語よりもはるかに大である。…思想のなかでは同時に存在するものが、言語活動のなかでは継時的に展開する。思想は、言葉の雨を降り注ぐ雨雲にたとえることができよう。それゆえ、思想から言語活動への移行過程は、思想の分解とそれの言葉における再生の極めて複雑な過程である。…われわれのことばにはつねに、後ろの思想、かくれた内面的意味（下心）^{ポドテキスト}が存在する。（『思考と言語』p. 426）

　この見解は「思想は言葉で表現されるのではなく、言葉のなかで遂行される」（『思考と言語』p. 336）というヴィゴツキーの優れた洞察を基礎としてお

10　ここでは、狭義の思想と願望を含めた広義の思想について論じている。

り、それはバフチンの「外に実現された発話は、内的発話の岸辺なき大海の中から浮上してきた一個の島のごときものです」(3-3-2)との見解と軌を一にしている。そして、そのような見解を示した上で、ヴィゴツキーは以下のように思想を動態的に捉える視点を提示し、他者の思想つまり日常的な用語で言う「言いたいこと」を理解することについて次のように論じている。

> 思想そのものは、他の思想からではなく、われわれの意欲や欲求、興味や衝動、情動や感情を含む動機に関係した意識領域から生まれる。思想の背後には情動的・意志的傾向がある。…思想の動機は、雲を動かす風にたとえなければならないだろう。他人の思想の真の完全な理解は、われわれがその活動力、情動的‒意志的裏面を明らかにしたときにのみ可能となる。…その思想を表現させた動機の理解なしには、完全な理解はできない。
> (『思考と言語』pp. 427-429)

われわれはすでに能動的応答的理解について一定の議論をしたが(3-3-4)、上の引用部と関連させてさらに論じることができる。すなわち、発話の一般的で自己同一的な意味を狭義の意味とするならば、具体的な社会的交通において受け取られる意味はテーマであり(『マル言』p. 220)、それはヴィゴツキーの言う思想に対応する。そして、ヴィゴツキーの上の見解は、能動的応答的理解は実際には外言に向けられているのではなく、相手の動機つまり情動や意志をめがけて発話とイントネーションや表情や素振りなどを含む発話の行為全体に向けられていることを指摘している。だからこそ、能動的応答的理解は発話のテーマをあるいは本書で言う対話的情況を捉えることができるのである。

3-2 意識の小宇宙

対話的交流の現場にある対話者において作動している能動的応答的理解は、社会的交通を駆動させる力である。能動的応答的理解のそのような力についてバフチンは次のように論じている。

> あらゆる真の理解は、しかし〔受動的な理解ではなく〕能動的なものです。

> 答えの胚芽をはらんでいるものです。テーマを捉えうるのも、能動的な理解だけです。生成しているものを捉えうるのは、自らも生成しつつあるものだけです。(『マル言』p. 226、西口, 2013, p. 43)

つまり、能動的応答的理解という作用は、対話者に自身に向けられた発話のテーマを捉えさせるだけでなく、応答の胚、つまり自身の次の発話の基本的な方向性あるいは前項の言葉で言うならば動機をも立ち現せてくれる力なのである。一方で、ヴィゴツキーは、ポドテキストの議論と前項の2つの引用に続く『思考と言語』の最後で、水の小さな一滴という譬えを使ってことば＝発話について「最後の言葉」を残している[11]。

> 意識は、太陽が水の小さな一滴にも反映されるように、言葉のなかで自己を表現する。言葉は、小世界が大世界に、生きた細胞が生体に、原子が宇宙に関係するのと同じ仕方で、意識に関係する。言葉は、意識の小宇宙である。意味付けられた言葉は、人間の意識の小宇宙である。(『思考と言語』p. 434)

実際に生きることを営む人間の具体的な状況で発せられることば＝発話は、「意識の小宇宙」である。たった一言のことばにも、生きることを文化歴史的に営んでいるその人のその現場での意識の全体が映し出される、とヴィゴツキーは言っているのである。「意識の小宇宙」という言い方にヴィゴツキーが込めているものは、テーマや思想(言いたいこと)や動機という域をも超えて、その人の人格というところにまで拡がっているようにも響いてくる。

11　実際にも、『思考と言語』のこの部分は病の床で口述筆記されたものと言われている。

第5章

バフチンの超言語学

はじめに

　前章では、観察可能な言語的な表面を出発点として社会的交通の現実の様態を示し、その中で発話＝外言と内言がどのような位置を占め、どのような関係を成しているかを見た。本章では、逆に、そもそも社会的交通がどのような基底の構造の上に発現するかを見、そうした基底の構造がどのように発話の構成に関与しているかを見ていく。最後に、前2章と本章のそこまでのまとめとして、バフチンの言う超言語学とはどのようなものか、それが従来の言語学とどのように異なるのかについて検討することを通して、バフチンの言語哲学の姿をより鮮明に浮かび上がらせる。

1. 社会的交通が発現する基底の構造

1-1　身近な社会的状況と広い社会的な環境

　本節では、3つの側面に分けて社会的交通の基底の構造について検討する。最も基底的な部分についての議論から始める。

　バフチンはその言語論において、発話の具体性・個別性と唯一性を常に強調している。そして、発話の構成について次のように論じている。

> 　借用した社会的な記号を、具体的な発話の中で個人的〔個性的〕に組み立てるということ自体も、実は隅々まで社会的な諸関係によって規定されてしまっているということがあります。…発話の文体上の個性化こそ、実は社会的な相関関係の反映なのです。なぜなら、当の発話も、こうした社会

的な相互関係の雰囲気の中で形成されるものだからです。**最も身近な社会的状況〔小状況〕と最も広い社会的な環境〔大状況〕とが、発話の構成を隅々まで規定しております。しかも、いわばその内側から。**(『マル言』p. 189)

　ここに言う最も身近な社会的状況(英訳では immediate social situation、以降では単に身近な社会的状況とする)というのは、前章のプロトコル18の社会的交通の場合では、ト書きによって言及された状況と当該の社会的交通が行われた交差点横の舗道上のKとPの立ち位置がそれにあたる。では、最も広い社会的な環境(英訳では broader social milieu、以降では単に広い社会的な環境とする)とは何だろう。

　バフチンが強調する発話の具体性・個別性及び唯一性から考えると、広い社会的な環境というのは、具体的な社会的交通が行われる「今－ここ」を取り巻いている、当事者にとっての具体的な社会的な世界となる。プロトコル21の社会的交通においては、KとPが各々において直接に経験して知っているやや近い世界からはるかに遠く広い(社会的及び歴史的)世界までのすべてを含む。それらは膨大な範囲に及ぶのですべてを示すことはできないが、当該の社会的交通に関わるKにとっての比較的近い社会的世界を概略的に記述してみると以下のようになる。

　　「わたし」は大阪にある某大学の教員である。この日は朝9時前に大阪の北部にある家を出て、妻が運転する車で空港まで行った。空港のラウンジでコーヒーを飲んだ後、10時の飛行機に乗り込んだ。飛行機の中では機内誌を読んだり仕事をしたりした。羽田に着いて飛行機を降りると足早にモノレールに乗り込み、浜松町でJRに乗り有楽町で降りて、地下道を歩いて日比谷から三田線に乗って、神保町まで行った。この日の午後は学会の委員会があった。親しい友人でもある信頼できる委員長の下に議事は順調に進み、概ね定刻に委員会は終了した。仕事が順調に終わったすがすがしい気持ちでいつもの宿に向かった。東大正門前の通りを入った古い閑静な住宅街にある小ぶりできれいで快適なお気に入りの宿である。

　このような世界の延長やその背後にもKにとってのさまざまな世界があ

らゆる方面に拡がっていることは言うまでもない。例えば、家族の状況や友人との交友、仕事の状況、テレビや新聞の報道を通して知って案じられる東日本大震災の被災地の復興状況や福島第一原発の事故処理の状況、さらにはアラブの春後のアラブ諸国の情勢なども、そのときのKにとっての広い社会的環境の一部となる。一方のPにおいても同様に、近い世界からはるかに遠く広い世界まで広範に社会的な環境が拡がっている。KもPも、にわかに仕立てられプログラムされたロボットではなく、具体的な個人史を生きてきてそして今も生きている世界を有する人格である。プロトコル21として示されている具体的で個別的な社会的交通は、そのような人間的生を生きるKとPがそれぞれのそれまでの個人史と世界を遠近の基底の構造として引き続き生きる中で出会って、相互的に構成し共同的に経験した唯一的な存在の出来事なのである。もちろん、各主体の個人史と世界のすべてが当該の社会的交通に関連するわけではないことは言うまでもないが、常に潜在はしている。プロトコル21のKの最後の「おー、教科書のようなやり取り」との内言は、Kが外国人に日本語を教えるという仕事をしているというKの個別的な事情に明らかに関連している。

1-2 社会的な諸関係と社会的な相互関係の雰囲気

次に、先の引用の中の「社会的な諸関係」や「社会的な相互関係の雰囲気」について検討しよう。

プロトコル21の1Kが立ち現れる背後にはKにおける特定の経験と心理がある。その特定の経験と心理とは、「お気に入りの宿が東大正門前の通りを入ったところにあって速やかにそこに行きたい。東大正門が右手にあって、その先の細い通りを左に入ったらその宿に行けることはわかっているのだが、久しぶりなのでここから先どっちの通りに行くのか、恥ずかしながら、ちょっと忘れてしまった。たぶん、こっちでいいと思うのだが、自信がないので、お巡りさん！ こっちで正しいかどうかだけ教えて」というようなものである。もちろん、このように内言として詳らかに展開されているわけではないが、そのような経験と心理を背景として立ち現れた具体的な発話が「すみません。東大正門前は、こっちで、いいんですか」である。また、その発話の構成が「東大正門前は、どっちですか」ではなく「東大正門前

は、こっちで、いいんですか」であったことにも注目してほしい。その発話の構成は、Kの「たぶん、こっちでいいと思うのだが、自信がないので、お巡りさん！　こっちで正しいかどうかだけ教えて」という心理が反映された結果であると見られる。その証拠に、2Pの最初の「はい」で用を足すことができたKは、それ以降のPの発話を不要のものとした内言をしている。

　また、1Kの尋ね方(言葉遣いとイントネーション)は、明らかに、周辺の地理をよく知っていると見なされる目の前の警察官への尋ね方となっている。周辺の地理を知っているかどうか確信が持てない通行人に尋ねた場合は、「ちょっとすみません。東大正門前は、こっちで、いいんですかねえ」のようなものになったであろう。このように、社会的な記号つまり言葉を具体的な発話の中で個人的で個性的に組み立てることは、社会的な諸関係すなわち一方の当事者の事態や現実と他方の当事者の事態や現実の両者及びその相互関係によって規定されているのである。

　次に、3Kとそれに重なるKの内言に注目したい。3Kの軽い「ああ、ありがと」は、ほとんど「お役目、忠実に果たしてくれて、ありがとう。ご苦労さま」の意である。この発話には、Kが認識しているKとPの社会的な相互関係の雰囲気が反映されているだろう。すなわち、Pは30歳前後の警察官(とKは現場で認識した)であり、50歳代のKから見れば「若い警察官」である。3Kの軽い「ああ、ありがと」には、そのような社会的関係と長幼の関係に基づくKのPに対する具体的な態度や姿勢が反映されている[1]。

1-3　意識の対話的アリーナから浮上する島としての発話＝外言

　第3章の3-2で論じた、外言は内言の大海から浮上する島のようなものであるとの見解は、「言語哲学への道」と題された『マル言』の第2部の「言語哲学の対象は何か」、「言語とは何か、発話とは何か」(p. 92)という問題提起から始まる100ページ以上にも及ぶ議論の結論として出されている以下のテーゼに続く部分で提示されている。

---

[1]　「若い警察官」とカギ括弧付きしたのは、これ自体も当該の瞬間のKの内言と見ることができるからである。また、その「若い」の部分にそのときのKにおけるさまざまな気分が直接に反映されている。

言語活動(言語・発話)(英語では language-speech、筆者注)の真の現実とは、言語形態の抽象的な体系でもなければ、モノローグとしての発話でもありません。ましてや、モノローグ＝発話を産出する心的・生理的な作用でもありません。それは、ひとつの発話と多くの発話とによって行われる、**言語による相互作用**〔コミュニケーション〕という、**社会的な出来事**〔共起・共存〕です。言語相互作用こそが、かくして言語の根本的な実在の仕方だ、ということになります。(『マル言』p. 208)

　ここでバフチンが主張しているのは、ソシュールの言うラングの体系(西口, 2013, pp. 21-26)でもなく、また、コミュニケーションのコードモデルで示されるようなモノローグ的な発話の符号化と符号解読の過程(Shannon and Weaver, 1949、西口, 2013, p. 29)でもなく、**一つの発話と多くの発話とによって行われる具体的な言語的相互作用**こそが言語の根本的な実在の仕方だということである。そして、言語的相互作用については、第1章の3-1で論じたような言語的交通とそれを包含する社会的交通と社会の経済的組織との連関が強調されている(『マル言』p. 210)。
　第3章の3-2では、「内的発話の岸辺なき大海から浮上する島」との議論を、一人の対話者における発話行為の契機における内言と外言の連続性という側面で捉えた。しかし、対面的な相互行為においては発話が相互的にやり取りされることによってその相互行為という出来事が共同的に経験されることを考えると(3-2-2)、対面的な相互行為においては「内的発話の岸辺なき大海から浮上する島」というような現象が対話者相互において起こっていること、それも以下にあるように他者の反応や応答などをあらかじめ組み入れながらそうした現象が起こっていることに注目しなければならない。

　　この島の規模・その形態は、発話をとりまく一定の状況とその発話を受けとる聴衆とによって規定されているものです。状況と聴衆との圧力で、内的発話は、一定の形態をもち、一定の規模をもった外的発話として実現されることになります。外的発話は、さらに、言葉化されない日常的な脈絡の中に組み入れられ、その中で身振りや行為によって、あるいは当の発話に関与した聞き手たちの言葉による応答などによって補足されることに

なります。(『マル言』pp. 212-213)

　上の引用で物理的な現象である身振りや行為も社会的交通に関与していると指摘されていることにも注目しなければならない。つまり、表面上の発話のやり取りの「水面下」では身振りや行為をも手がかりとした潜在的な対話あるいは文化的な交信が双方で活発に行われており、その上で具体的な発話＝外言が、やはり身振りや行為を共に、取り交わされているとバフチンは主張しているのである。

　そうなるとバフチンが1929年の『マル言』で言っているこの「内的発話の岸辺なき大海」云々の議論は、1963年の『ドストエフスキー論』で論じている「思考する人間の意識とその対話的存在圏」(3-1-3)という見方と同趣旨の議論であることがわかる。かくして、発話＝外言とは「思考する人間の意識とその対話的存在圏」すなわちポリフォニックな意識の対話的アリーナ(3-3-3)で浮上してくる島のようなものである、となる。

　前章のさまざまなプロトコルで示したのは、そのような意識の対話的アリーナの様態の一端に過ぎず、実際には意識の対話的アリーナはより広く深く拡がっている。わたしたちが現実の社会的交通において相手の発話を理解（対話的に定位）しながら言語活動に従事するというのは、**相手と共に対話的アリーナで生き、そこで取り交わされる外言を枢要な手がかりとして相互構成的で共同的に現実を経験することなのである**。

2. 社会的交通の発現と発話の立ち現れ

2-1　社会的交通と発話の具体個別性

　人間が活動するときは、そこには動機や思考や意志や関心などが必ずある(4-3-1)。プロトコル1の社会的交通の基底にはKやPが各々実際に生きている具体的な社会文化的世界があり、その上にプロトコル18のト書きにあるような身近な社会的状況があり、最後の「Kは警察官に道を尋ねることにした」を直接の引き金として実際の社会的交通が始まる。そのような基底の構造の上で、1-2で論じたような具体的な社会的諸関係や相互行為の雰囲気の下に具体的な発話は構成される。現実の社会的交通というのは、このよう

な具体的で個別的な背景と要因の上に、そしてそれらと共に作り上げられる具体的で唯一的な構築物なのである。

　ここで留意しておくべきことは、社会的交通というのは、第一義的には、どこまでも具体的で個別的なもので当事者たちのものであるということである。つまり、それぞれ唯一的な当事者たちが唯一的な脈絡で相互的に対話的で多声的に構成し共同的に経験するのが社会的交通という出来事である。それゆえ、社会的交通はわれわれが研究対象として注目し何らかの形で記述し記録した瞬間に、元々のそれではなくなり、抽象物となってしまうのである。そして、バフチンが『マル言』で繰り返し発話の唯一性を指摘しているように、社会的交通を構成している個々の発話もその基底となっている構造も同様に個別的で唯一なのである。

2-2　バフチンの結構と Jacoby and Ochs (1995) の共構築

　バフチンは若き日の最初の論文である『行為の哲学によせて』(本書では『行為』と略している) で、人間の行為について次のように論じている。

> 　行為は、何かしら内容的に確定したものとしての世界を知らない。行為がかかわるのはただ、一個の唯一の人物であり、対象である。しかもそれらは行為にとって、個々の情動・意志的トーンにおいて与えられているのである。それは諸々の固有名詞からなる世界であり、**これこれ**の対象と、生涯の特定の日付とからなる世界なのである。行為としての唯一の生の世界を、行為の内側から…記述してみるならば、それは個的で唯一の、自己弁明の告白になるはずなのである。(『行為』p. 83)

　この一節は上で注目した発話の唯一性と直接に関連しており、そこには後の対話原理につながるアイデアの萌芽がすでに見られる。そして、バフチンのこの議論は、第3章の2-2で論じた「その結構は自分にとってのわたし、わたしにとっての他者、そして他者にとってのわたしという要因の相互的な配置として構成される」(『行為』p. 83) という論点へと展開していく。

　バフチンの結構 (3-2-2) に関する議論は、Jacoby and Ochs (1995) の共構築 (co-construction) という視点を思い起こさせる。Jacoby and Ochs の共構築

とは以下の通りである。

> ... we refer to co-construction as *the joint creation of a form, interpretation, stance, action, activity, identity, institution, skill, ideology, emotion, or other culturally meaningful reality.* (Jacoby and Ochs, 1995, p. 171、強調は原著)
> 　（…共構築とは、形式、解釈、スタンス、行為、活動、アイデンティティ、社会制度、技能、イデオロギー、情意、その他の文化的に意味のある現実を共同的に創造することである。）

　バフチンの結構という見方でも、社会的交通を通して当事者たちは相互構成的にそして共同的にこうした現実を構成するということなので、共構築とバフチンの言う結構は同じ現象を見ていると考えられる。ただし、バフチンと Jacoby and Ochs との決定的な違いは、バフチンにおいては結構という見方やその見方を包めた対話原理の視座を明らかにすること自体が自身の思想的・哲学的営みの成果となるのだが、Jacoby and Ochs においてはかれらが行うまたそれ以降も取り組む会話分析という研究のための理論的枠組みとして共構築を提示しているのである。

3. 対話関係と超言語学

3-1　超言語学と対話関係

　言語現象を研究するバフチンの学は、一般に超言語学 (translinguistics) と呼ばれている。バフチン自身は自らの著作ではメタ言語学 (metalinguistics) という用語を使っている。

　第3章の1-3で言及したように、『ドストエフスキー論』の第2版の第5章の冒頭にバフチンは超言語学についての日本語で8ページにわたる議論を追加している (pp. 364-374)。ちなみに、第2版では同じ第5章の終わり近くでも超言語学の重要性を論じているが、初版では超言語学に関する議論は一切ない。この第2版に約30年先行する1929年の『マル言』で、バフチンは、ソシュールを代表とする現代の言語学は言語活動の現実を捉えること

はできないと批判している[2]。しかし、それに代わる新たな言語現象に関する学を提示するところまでは行っていない。一方で、1952年から1953年頃に執筆したとされる『ジャンル』は、同名の本の準備稿であり、ことばのジャンルを中心として言語現象を見るさまざまな興味深い視点が提示されているが、完成には至っていない[3]。『ドストエフスキー論』の第5章の冒頭部はそれらを補うものと言える。本項と次項では、この冒頭部のバフチンの議論を基にバフチンの言う超言語学とは何かを明らかにする。個別の出典ページ等の言及は省略する。また、必要に応じて英訳を添える。

　バフチンの見解では、従来の言語学は「言語」そのものを研究するために、必然的に対話関係[4]から遊離してしまう。「言語」そのものというのは、ことばの具体的な生[5](the concrete life of the word)のいくつかの側面を捨象することによって得られる対象であり、それは言語学に固有の対象である。これに対し、超言語学は、**具体的で生きた統一体としての言語**(language in its concrete living totality)に目を向ける。それは、言語学者が捨象してしまうことばの具体的な生の側面にこそ関心を寄せる。それゆえ、超言語学の分析は言語学的と呼ばれる分析ではない。超言語学は、いまだ個別の学問分野として確立されていない分野で、**言語学の領域をはみ出してしまうようなことばの生の諸側面**(those aspects in the life of the word that exceed the boundary of linguistics)を研究する学問である。

　超言語学は、言語現象から「言語」そのものを伐り出してそれを同一平面において研究するのではなく、言語現象を**対話的視点**(dialogic angle)から見る。それは、ことば＝発話を観察可能な対象として扱いながらも、**言語現象を対話関係ということばの具体的な生の全体性において見る視点**である。超言語学の研究対象はそのような対話関係である。超言語学の関心は、具体的なことば＝発話のやり取りがどのような対話関係の下に営まれているかを

---

[2] ただし、前著でも注釈したように、バフチンが批判しているのは『一般言語学講義』(ソシュール, 1916/1972)によって流布しているソシュールである(西口, 2013, p. 26)。
[3] また、出版されたのもバフチン死後の1979年になってからである。
[4] 『ドストエフスキー論』の邦訳では「対話関係」、「対話的関係」、「対話的な関係」いずれも出てくるが、英訳ではどれも "dialogic relationships" となっている。
[5] 邦訳では "life (of the word)" に対応する部分は「生活」と訳されているがここでは「生」とする。ただし、引用中ではそのまま「生活」としている。また、邦訳で「言葉」となっている部分も「ことば」としている。ただし、引用中はやはりそのまま「言葉」としている。

明らかにすることである。

　言語学の対象としての言語には、いかなる対話関係も存在しないし、存在し得ない。文と文との間にも、テキストとテキストとの間にも、言語的なアプローチがなされるかぎり、対話関係は存在し得ない。言語学は、発話と応答との間にある対話関係の特殊性にまったく言及できない。対話関係は、言語学の枠外にある。

　では、対話関係とは何か。バフチンは言う。

　　　言語が生息するのは、言語を用いた対話的交流の場をおいて他にはない。対話的交流こそ、言語の真の**生活圏**なのだ。言語の生活は一から十まで、それが活用されるどんな分野においても（日常生活的分野、事務的分野、学問的分野、芸術的分野等々）、対話関係に貫かれているのである。…こうした対話関係は発話の領域に属する事柄であるが、それは発話がその本性からして対話的なものだからだ。(『ドストエフスキー論』p. 370)

　　　Language lives only in the dialogic interaction of those who make use of it. Dialogic interaction is indeed the authentic sphere where language lives. The entire life of language, in any area of its use (in everyday life, in business, scholarship, art, and so forth), is permeated with dialogic relationships. --- These relationships lie in the realm of discourse, for discourse is by its very nature dialogic.

この部分はひじょうに微妙なところなので、英訳も参考にしながら、要点をまとめることにしよう。

(1) 言語は、それに従事する当事者の対話的交流の中でのみ生きる。対話的交流こそが言語が生を享受する場所である。
(2) 言語の生は、対話関係に貫かれている。つまり、言語の生をそのように在らしめている本質は対話関係にある。
(3) 対話関係は、実際の発話(discourse)の領域つまり対話的交流という領域の事柄である。というのは、実際の発話というのは本来対話的だからである。

このように整理すればわかるように、バフチンは抽象的な言語ではなく、対話的交流(3-3-3)としての現実の社会的交通(1-2-2)を見ているのであり、その中の実際の生きた発話(discourse、以降では discourse をこのように言う)としての言語に関心を寄せているのである。人が実際に従事する**対話的交流**においては言語は生きている。つまり、言語は生気を注入された**実際の生きた発話**となる。実際の生きた発話がその一部となっている**言語の生全体**には**対話関係（という生気）**がその本質として貫いている。翻って、対話関係は、抽象的な言語の領域ではなく、**実際の生きた発話の領域**つまりは**対話的交流という領域**に存立するものである。つまり、**実際の生きた発話を含む言語の生**と**対話関係**と**対話的交流**という領域は下の図に示すように三位一体の関係にあるのである。図中の括弧番号は先の要点に対応している。

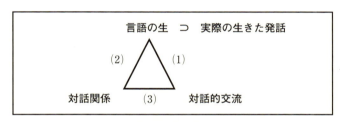

図4　言語の生と対話関係と対話的交流の三位一体の関係

　バフチンは、さらに、論理学の視点や言語学の視点と対比して対話関係を解説する。

> 　対話関係は、論理的な関係にも対象指示的な意味関係にも還元できない。そうした関係はそもそも**それ自体**が対話的契機を欠いているからである。そのような関係が言葉として具体化され、発話となり、言葉に表現された様々な主体の立場となって初めて、主体同士の間に対話的関係が発生するのである。(『ドストエフスキー論』pp. 370-371)
> 　Dialogic relationship are reducible neither to logical relationships nor to relationships oriented semantically toward their referential object, relationships in and of themselves devoid of any dialogic element. They

must clothe themselves in discourse, become utterances, become the positions of various subjects expressed in discourse, in order that dialogic relationships might arise among them.(Bakhtin, 1963/1984, p. 183)

　ここでもバフチンは社会的交通という現象を見ている。すなわち、対話関係は、論理的な関係や対象指示的な意味関係に関連づけて十分に説明することはできない。なぜなら、論理関係や意味関係というのはそもそも対話的契機を除去したものだからである。つまり、論理関係や意味関係としての言語は社会的交通の世界に属するものではない。ことばとことばの間であるいは主体と主体の間で対話関係が生じるためには、論理関係や意味関係は実際の生きたことばとして装い直されて、社会的交通の中の発話すなわち実際の生きたことばとして表現された言語活動に従事するさまざまな主体の立場や見解、つまりは対話的主体(3-2-4)が発する声(3-3-3)にならなければならない、とバフチンは言っているのである。

3-2　対話関係と作者

　上のような議論に続いて、バフチンは対話関係について例を挙げて説明している。

　　　「人生は素晴らしい」「人生は素晴らしくない」

　バフチンによると、これは、一定の論理形式と対象指示的意味を備えた2つの判断となる。これら2つの判断の間にあるのは、一方が他方の否定だという論理関係である。そして、両者の間には何の対話関係もない。しかし、これら2つの判断が異なる2人の主体の2つの発話として配置された場合には、両者の間には対話関係が生じる。すなわち、次のような様態を見せる。

プロトコル27
　　A：　人生は素晴らしい。
　　　　　└何てぼくは幸せ者なんだ。あんな素敵な人と出会えて、いっしょになれるなんて。

B： 人生は素晴らしくない。
　　└きみはいいよな。あんな素敵な人といっしょになれて。それに引き替えおれの人生なんて全然素晴らしくない。辛いことばかりだ。

　バフチンが論理関係や意味関係に関連づけて十分に説明することはできないと言ったのは、社会的交通の中にある実際の発話にこのように浸透しそれに生命を授けている、主体と主体の間に生じる対話関係なのである。「└」に続く破線部はバフチンの論旨に沿って筆者が補ったもので、これまでのプロトコルの場合と同様に、そのやり取りが実際に行われたものとして各々の発話の背後に認められる内言を示したものである。バフチンが出しているもう一つの例も同様に示しておこう。いずれの例においても、各々の発話が独自のイントネーション（第4章の注1）で発せられたと想定されていることは言うまでもない。

プロトコル28
A： 人生は素晴らしい。
　　└何てぼくは幸せ者なんだ。あんな素敵な人と出会えて、いっしょになれるなんて。
C： 人生は素晴らしい。
　　└本当に人生は素晴らしい。ついこの間、ぼくが結婚して、こうして半年も経たないうちに、親友のきみも素敵な伴侶を得て新しい人生に踏み出そうとしている。

　言語は実際の生きた発話となること（バフチンはこれを「受肉」と言っている、『ドストエフスキー論』pp. 371-372）によってそれまでとは異なる存在圏すなわち意識の対話的存在圏(3-1-3)に入るのである。それは、ひしめき合う声が織り成す意識の対話的アリーナ(3-3-3)である。そして、この存在圏にある言語＝実際の生きた発話は、必然的に**作者**(author)[6]つまり自らの立場や見解を表明するようなその発話の創造者を獲得する。

---

[6] 創作(authoring)というテーマについては、Holland 他(1998)の自己とアイデンティティについての実践理論との関連で、西口(2013)の pp. 117-121 でも論じている。

いかなる言表（発話、筆者注、以下同様）も、この意味においては作者を
　　持っているのであり、彼の声は言表そのものの中ではその創造主の声とし
　　て聞こえるのである。…そこに聞くことができるのは、対話的反応が可能
　　な統一的な創造の意志であり、特定の立場である。対話的反応は、反応を
　　引き起こすあらゆる言表を人格化してしまうのである。（『ドストエフス
　　キー論』p. 372）

　　　　Every utterance in this sense has its author, whom we hear in the very
　　　utterance as its creator. --- we hear in it a unified creative will, definite
　　　position, to which it is possible to react dialogically. A dialogic reaction
　　　personifies every utterance to which it responds.（Bakhtin, 1963/1984,
　　　p. 184）

　実際に生きる対話者たちの接触・交流で立ち現れることばは人格としての
声であり意識としての声であると Holquist（1981）が論じている通り（3-3-
3）、バフチンによると、対話的交流においてわたしたちは作者の声を現下
の発話においてその創造主の声として聞く。そして、わたしたちがそこに聞
くのは、現実を創造する統合された意志であり、対話的に反応が可能な立場
や見解である。対話的に反応するとき、わたしたちは応答の対象となるどの
発話をも今ここでそれを発したまさにその人の声としてそれに反応するので
ある。バフチンは、対話原理を人間の存在論にまで高めて言う。

　　　存在するということ ── それは対話的に接触交流するということなのだ。
　　対話が終わるとき、すべてが終わるのである。だからこそ、対話は本質的
　　に終わりようがないし、終わってはならないのである。（『ドストエフス
　　キー論』p. 528）

第6章

第二言語教育における対話論的アプローチ

はじめに

　第1章と第2章ではことばのジャンルについて論じることでバフチンの対話原理への導入とした。そして、第3章から第5章で、対話原理の核心について、実際の社会的交通の現実の様態を示すことも含めて、本格的に議論した。本章では、対話原理の視座から導き出される第二言語の習得と教育の原理とそれを基礎とした第二言語教育のアプローチについて論じる。

　まず最初に、これまでの各章の議論を踏まえて、バフチンが言語現象の研究にどのような貢献をしたかについて論じる。そこでは、人間の存在論、人格論さらには人格の責任論に至るバフチンの貢献が開示される。その議論は、また、対話原理に基づく第二言語の習得と教育の原理を引き出すための土俵を整備してくれる。そして第1節の最後では、第3章からそこまでの作業的なゴールとしてめざしていた第二言語の習得と教育の基本原理をまとめ上げる。第2節から第4節では、導き出した基本原理に基づくアプローチによる第二言語教育のデザインと実践の例として、筆者自身が関わった自己表現活動中心のマスターテクスト・アプローチによる基礎日本語教育について論じる。第2節では、カリキュラム・デザインの指針と、教育目標と教育内容について論じる。次の第3節は、教材と授業の方法についての議論で、教材作成のスキームとその教材を使った一連の授業のスキームを提示する。そこでは、第1節の最後にある基本原理に準じたPPTカミシバイという新たな授業−学習活動が提案される。第4節では、前節での議論を引き継ぎながら自己表現活動中心の基礎日本語教育のユニットの授業プランを提示する。また、そうしたデザインの中での学習者の立場と学習に取り組む姿勢や、教

師の変容する立場や役割についても論じる。最後に結びとして、第二言語教育における対話論的アプローチというものを提示し、対話論的アプローチの応用的な拡がりについて検討する。

1. 言語現象の研究へのバフチンの貢献

1-1 超言語学

　人と人との実際の対面的コミュニケーションは、当事者たちの生の営み（生産活動や生活活動）の基盤とその上での具体的な接触があってこそ営まれる。そこで取り交わされる発話はそのような基盤と具体的な接触の上に行われることばの行為（verbal act）である。本書では人と人が出会ってことばを交わしながら交流するそうした活動を一般的に**社会的交通**と呼んでいる。どのような社会的交通も、言うまでもなく、具体的で個別的で唯一である。同じ社会的交通というものはない。言語現象に関するバフチンの関心は、そのような社会的交通やそこで交わされる発話に向けられている。

　社会的交通として人と人が交わり交流するとき、そこには**思考する人間の意識とその対話的存在圏**が現れる（3-1-3）。それは、一つの思考する人間の意識ともう一つの意識が相互的に構成する**ポリフォニックな意識の対話的アリーナ**である（3-3-3、5-1-3）。そして、意識の対話的アリーナでは、各々独自のイントネーションがかかった長短さまざまな無数の内言と比較的少数の実際に交わされる外言＝発話（3-3-2、4-3-2）が響き合って、声の饗宴（シンポジウム）が催される（3-1-3、5-1-3）。

　人間による言語現象をそのように見るバフチンは、それまでの言語学と研究対象も研究方法もまったく異なる**超言語学**を提案する（5-3-1）。超言語学は、言語現象を**対話的視点**から見る。それは、ことば＝発話を観察可能な対象として扱いながらも、言語現象を**対話関係**ということばの具体的な生をその全体性において見る視点である。超言語学の研究対象はそのような対話関係である。超言語学の関心は、具体的なことば＝発話のやり取りがどのような対話関係の下に営まれているかを明らかにすることである。超言語学においては、社会的交通の現実は**対話的交流**となる（5-3-2）。

　対話的交流においては、言語は生気を注入された**生きた発話**となり、そう

した発話と応答（もう一つの発話）は対話的な関係をなす。意識の対話的存在圏、意識の対話的アリーナにある生きた発話は必然的に**作者**を獲得する。対話的交流でわたしたちは発話においてその創造主の声を聞く(5-3-1、5-3-2)。それは、現実を創造する統合された意志であり、対話的に反応が可能な立場や見解である。対話的に反応するとき、わたしたちは応答の対象となるどの発話をも今ここでそれを発したまさにその人の**声**（voice）としてそれに反応するのである。

1-2 対話原理の意義

　バフチンの対話原理の最も根本的な意義は、言語に対する視線を、本来の人間による言語現象へ、つまり生きている人と人の間でことば＝発話のやり取りを伴いながら営まれる現象へと戻したことである。20世紀の初期にソシュールによって現代言語学が確立され、言語現象の中心には言語そのものつまりソシュールの言うラングがあると見られるようになった。それ以来、言語に対する学問的な視線は、言語を生きている人々の生の営みから切り離された独立の存在として見る視線(5-3-1)、つまり観察される言語現象の背後に潜むシステムや規則などを記述しようとする視線となった。バフチンはそのような視線を批判し、言語を本来の人間的な営みの場所に差し戻したのである。

　ところで、対話原理としてバフチンが提示しているさまざまな視点や見解は、人間の言語活動や生のあり方の本質を穿った深い洞察を含んでいるものの、実は新たな視点や新規の見解というようなものではないのかもしれない。それらは、生きることの営みとして実際に言語活動に従事しているわたしたちがその営為を反省的に見れば、いずれももっともなことであり、当然のことでさえあり、ごく普通にしていることではないだろうか。言語を本来の人間的な営みの場所に差し戻し、具体的で生きた統一体としての言語に改めて目を向けさせたこと、そして、そうした言語の様態についてさまざまな洞察を提示したことは、バフチンの大きな貢献である。しかし、それだけでは、われわれは、本来の言語現象という荒野に放り出されただけとなるだろう。言語というものを捉える何らかの組織原理がわれわれに提示されなければならない。それとしてバフチンが提示しているのが、ことばのジャンルで

ある。

　ことばのジャンルはイデオロギー送受のコミュニケーションの論理であり、共同体内での記号による相互作用の論理である。そして、言語発達は実際には言語と意識・思考の発達であり、それは社会的交通で行われる言語的交通の流れの中に自己を浸透させその形態と論理を内具化する過程として捉えることができる。その過程はそのまま人間のイデオロギー的形成という人間形成の個人史的な過程となる (2-1-2)。各個人は、自身を取り巻く環境にある独自の異言語混交性の下で独自にイデオロギー的形成を成し遂げ（第2章の注5）、各々独自の対話的主体 (3-2-4) となる。

1-3　文化的な交信と人格の責任論

　Holquist はバフチンの対話原理の中核について次のように論じている。少し長くなるが引用する。

　　　ダイアロジズムは存在を出来事として視覚化することから始める。この出来事は、私が存在の中に占める唯一の（それでいて変化し続ける）場所で存在が展開する際に、存在が呈する特定の状況に対して責任を負うという出来事である。存在は私に対して未定形の潜在的メッセージの奔流として発信される。この奔流は、自然界からの刺激が個々の有機体に届くのとほとんど同様に個々の人間に達する、と今のところ抽象的だがそう言えるかもしれない。潜在的メッセージは、一部は原初的な生理学的刺激というかたちで、一部は自然言語というかたちで、一部は社会的コードもしくはイデオロギーとしてわれわれのところに達する。私は存在しているかぎり、特定の場所にいて、これらすべての刺激に対して反応しなくてはならない。その反応は、それらを無視するというかたちをとる時もあれば、意味づけ、つまりそのような表出から意味を生み出す─これは一種の作業であるので─というかたちをとる時もある。…応信性（addressivity、筆者注）はむしろ、私が出来事であること、つまり私が通り抜けるさまざまな世界から送られる言表に絶えず応答する出来事であることを意味する。応信性の示唆することは、意識はつねに何かについての意識であるということばかりではなく、存在自体が常に何かの存在である（でしかない）ということである。

(Holquist, 1990, pp. 47-48、邦訳 pp. 69-70、一部改訳)

　この行の趣旨は、わたしたちは常に環境や他者と潜在的に交信(5-1-3)をしていて、その上において観察可能な現象として言語的交通を営んでいるということである。つまり、表面的な言語的交通ではなく、表面に現れない潜在的な交信の部分こそが存在の主幹的な部分だという見方となる。ただし、だから表面に現れることばは重要ではないということにはならない。表面に現れない交信とその産物と表面に現れることばは合わせて一つの全体をなしている。そうした中で、外言として発出されたことばは、その瞬間のその人の動機や思想(4-3-1)を代表した責任ある発話となって、その人自身に返ってくる。そして、そのような一連の発話が一定の統一を成すところに人格の統一が成立するのである。ゆえに、人格の統一としてわたしたちは責任ある発話をし続けなければならない。そのような意味で、表明された発話はわたしたちが統一ある人格として生きることにおいてきわめて根源的なものとなる。
　バフチンの学問的貢献は、Holquist の言うように、人間の言語の使用方法から人間の存在を把握しようとしたことであり、そうしたテーマについて長い年月をかけて粘り強く探求したことにある。それは言語現象について新たな視座を提示するという面を有しながら、それを超えて、人間の存在論や人格の存在論さらに人格の責任論にまで至っているのである[1]。

1-4　第二言語の習得と習得支援の基本原理

　人間による言語活動は、生きている人ともう一人の生きている人の間で行われる社会的交通である。それは一人の対話的主体ともう一人の対話的主体の間で行われる接触・交流であり、対話的交流という社会的出来事である。そして、そこで交わされることばは、「人格としての声、意識としての声」(Holquist, 1981, p. 434、3-3-3)であり、存在のヴォイス(声)[2] である。書記言語のコミュニケーションの場合でも、対話的交流であることに基本の部分

---

[1] 発話についてのこのような議論はバフチンの倫理についての論につながる。例えば、最初期のごく短い著作である「芸術と責任」(バフチン, 1919/1999)において、バフチンは一つの人格における学問と芸術及びそれらと生活の統一の責任について論じている。

[2] 以降、本章では、そのようなものを表す場合にはこのようにヴォイス(voice)という用語を用いることとする。

では変わりはない。そして、言語習得の基本は、自身の周りで起こる社会的交通で行われる言語的交通の流れの中に自己を浸透させその形態と論理を内具化する過程である (2-1-2)。学習者は「発話の構築法」を習わなければならない (2-1-1)。一方で、言語活動に熟達している人とはどのような人かというと、それは展開される言語活動で現れることばを適正に定位し、そして、自分の意思の下に言語活動のトラックに適正なことばを適正な形態で配置できる人である。諸々の言語活動従事において、理解の局面においても発話の局面においてもことばが動員されることは間違いない。つまり、言語活動に円滑に従事できるということには、それぞれの言語活動に関与するさまざまなことばが動員できることが含まれる。それゆえ、行使可能な言葉遣い (2-2-2) やその要素となっている言語事項が増強されることも第二言語習得上の重要な課題となる。

このような対話原理の視座と第二言語習得についての認識に基づいて第二言語の習得と習得支援を考えると、以下のような指針が導き出されるであろう。

基本原理1　第二言語教育の基本は学習者に自身の**ヴォイス(声)を獲得**させることである。

基本原理2　ことばの生命を維持するためには、**学習活動を真の言語活動の状況つまり対話的交流として構成**しなければならない。

基本原理3　学習者は、**他者の生きた発話・ディスコースを参照先としてこれを私物化** (2-3-1) することを通して言語習得を進める。

基本原理4　カリキュラムの策定においては、**必要な言葉遣いを漸増させていく形で適切な言語活動を選択し配列**する。

これらは、対話原理の視座に基づいて第二言語教育プログラムを企画・開発し実際の教育実践を行う際の基本的な原理となる。第2章で提示した基礎第二言語教育のカリキュラム構想 (2-3-1) はこのような基本原理に基礎段階 (CEFRでA1からA2まで) の特性を加味して練られたものとなっている。次節と次々節では、第2章の最後で紹介した自己表現活動中心の基礎日本語教育の場合を例として、カリキュラム、教材、ユニットの授業、教材と教師

の役割等の原理について考察を行う。

2. カリキュラム・デザインの指針

2-1　コースの目標とねらいと言語技量

　第二言語教育の目標とそこで養成される能力に関してはWiddowson（1983）が優れた議論をしているので、ここでまずその議論を見ておきたい。Widdowsonの議論はややもするとフレーズブック・アプローチ[3]になってしまっていた当時のコミュニカティブ・アプローチのカリキュラムと教材への批判として提示されたものであるが、一般性の高い議論となっている。

　まず、目標に関して、Widdowsonは、目標（objective）とねらい（めざすところ、aim）を区別する（Widdowson, 1983, pp. 6-7）。目標は、特定の教育課程の教育的意図のことで、そのコース期間中に達成されるもので基本的にコース終了時に特定の方法で評価される。それに対し、ねらいは、コース終了後を見越して当該カリキュラムでの学習に対応して設定される目的である。例えば、英語教育では、あるコースは、語彙と文法構造あるいは概念や機能の形で目標を設定することがあるかもしれない。しかし、そのコースのねらいは、そうした事項を習得することそのものではなく、そうした事項の知識を有効なコミュニケーションをするために活用できる能力を養成することとなる。

　一方、能力に関しては、コンピテンス（competence）と言語技量（capacity）を区別することを提案している（Widdowson, 1983, pp. 7-8）。コンピテンスは、周知のようにもともとはチョムスキーの用語で、母語話者が有する文に関する知識で、正しい文を産出したり受容したりする場合に使われる生成的な装置である。そうしたコンピテンスの概念が現在は言語を適切に行使することに関連する社会的規則なども含めて拡張されている。それがコミュニカティブ・コンピテンスである（Canale and Swain, 1980、Canale, 1983）。しかし、いずれの場合でも、コンピテンスというのは言語行為についての既存

---

[3] わかりやすい例で言うと、旅行者のための英会話のように「チェックイン・カウンターで」や「入国審査で」のようにそれぞれの場面でのやり取り（フレーズ）のカタログを提示して、そのフレーズをそのまま覚えるというようなアプローチをフレーズブック・アプローチと言う。

の規則に従うということに関心が置かれ、その見方では、言語を行使することはある種類の知識を有していることを単に例示するだけということになってしまう。つまり、コンピテンスという概念では、言語が本来持っている潜在力を活用して、変化に対応して自己調整しながら意味を創造する能力を説明することができそうにないのである。Widdowson の言う言語技量とはまさにそのような能力に言及した概念である。コンピテンスと言うと、まるで人間が言語的あるいは社会言語的な何かに単に反応するかのように行為は規則によって規定されるというような印象になる。それに対して、言語技量という言い方には、人間は自身の運命を自分で開拓することができて、規則というものを自身の目的のために自在に活用できるという見方が含まれている。そして、訓練ではなく教育ということを行うのであれば、言語事項のレパートリーと譬えられるようなコンピテンスの知識の習得に留まらないで、そうした言語技量を養成しなければならない、と Widdowson は主張している。そして、コンピテンスと言語技量の微妙な相互関係について以下のように論じている。

  言語技量は、定義的に言うと、言語の慣習と言語の行使法についての知識を活用して、類型に収まってしまうのでない形で言語行為を創造する能力である。しかし、このように定義される言語技量は、規則の知識がいずれかの面で不十分だったり不完全であっても、規則の知識に依存することは間違いない。それに規定まではされないが。つまり、言語技量は、まずはコンピテンスに参照点を置くことになるのである (Widdowson, 1983, p. 11、筆者訳)。

 こうした Widdowson の議論は、バフチンの「発達し細かく分節された心理にとっては、いずれの場合も、微妙でしなやかな記号が不可欠です」(『マル言』p. 61) という行を想起させる。「微妙でしなやかな記号」の部分は英語では「subtle and pliable semiotic material」となっている。「pliable」というのは「変形しやすい」というような意味で、ここでは「意味的な変形がしやすい」ということになる。つまり、Widdowson の議論は、規則に従って構成される言語を無限に変幻する現実の意味に応じるように巧みに創造する

能力が言語技量であるということで、バフチンの指摘とつながるのである。そして、以下の議論へと続く。

> 一般的に言って、言語を有効に行使するためには、言語規則に本来備わっている意味の潜在性（meaning potential、筆者注）を創造的に活用できなければならない。つまり、筆者が言うところのコミュニケーションのための言語技量が必要なのである。このコミュニケーションのための言語技量こそが、言語使用者が定型的な表現と与えられた実際の課題の間のギャップを巧みに克服する能力であり、そのような言語技量こそが教育目標の記述でうまく表現されなければならないのである。（Widdowson, 1983, p. 13、筆者訳）

自己表現活動中心の基礎日本語教育においては、Widdowsonの議論に準じるような形で発達途上にある学習者の日本語力を言語技量として捉えて、直接的な目標（objective）としては自己表現の言語活動を設定し、その一方で言語事項の知識を含むコンピテンス習得の側面にも配慮して、創造的に実際の活動を展開できる総合的な言語技量を養成することをコースのねらい（aim）として、カリキュラムの策定を行った。それが、第2章の3-1の(g)と(h)の記述となっている。そして、第2章の4-1で挙げたCEFRの記述が具体的なコースのねらいとなる[4]。

2-2　自己表現活動中心の基礎日本語教育におけるコースの目標とユニットの目標

第2章の第4節では、具体的に何かができるようになるパフォーマンス・オリエンティッドな基礎第二言語教育の内容として、実用的なコミュニケーションよりもむしろ社交的なコミュニケーションに対応する自己表現活動を選んだ。それは、同節でも論じたように、自己表現活動が基礎段階で扱うべき重要な言語活動領域であり、その言語活動を教育内容とすることで同時に語彙や文型などの言語事項の習得という基礎段階の重要な教育課題にも首尾

---

[4]　実際には、同レベルに対応するCEFRの創作（creative writing）も含む。

よく対応できると判断されたからである。そして、この種の言語活動は、1-4で論じた基本原理に適合する教育実践を行うためにも有効である。この点については次節で論じる。

　そのようにカリキュラム設計の指針と教育内容の言語活動領域が決まったら、次は具体的な教育内容の選択と配列の作業となる。まずは、カリキュラム策定の通例に従って、ユニット(単元)を構成してその系列をもってカリキュラムとすることとした。コースの教育目標が有効に達成されるためには、カリキュラムを構成しているいずれのユニットもその学習内容が直前のユニットまで学習した学習者への次の学習内容として適正なものになっていることが必要である。ユニットの学習内容がユニット開始時の学習者の言語技量で対応可能な水準を大きく上回っていては、有効な言語習得は期待できない。逆に、学習内容が現在の能力で余裕をもって対応可能な水準にある場合は、ユニットの学習活動が言語習得に資するところが少なくなる。そのような点を考慮して選択し配列したのが、巻末の資料1のテーマの欄にある一連の自己表現の言語活動である。これらの言語活動の選択と配列は、各ユニットで具体的な目標を成功裏に達成しながら、ねらいである日本語の言語技量を着実に養成していくという基本原理4に基づくスキームとして行われている。

3. 教材作成のスキームとナラティブ学習のスキーム

3-1　教材の企画―マスターテキストというスキーム

　教育の企画と開発において、カリキュラムの企画と並行して教材の企画はもう一つの重要な柱となる。なぜなら、教育の実施において、実際の授業や学習活動はさまざまになるがいずれにせよ、学習者も教師も相当程度教材に依拠することになるからである。逆に、学習者や教師が依拠できない教材は教材の体をなしていないと言わなければならない。ここで例としている自己表現活動中心の基礎日本語教育では、各ユニットで、テーマとなっている自己表現活動の**マスターテキスト**というものを中核的な教育リソースとして用意している。マスターテキストは、基本原理3と直接に関連し、さらに教師による授業実践を媒介として基本原理1と基本原理2と関連する。

マスターテクストというのは、ユニットで目標とされている言語パフォーマンスの事例であり、同時に、ユニット学習の終了時にどのような言語パフォーマンスができるようになることが期待されているかを示すモデルでもある。さらに、それは、学習者が言語習得のための私物化（2-3-1）という言語心理過程の参照先として利用するディスコースとなるのである（基本原理3）。

　他者の生きた発話・ディスコース（基本原理3）であるためには、マスターテクストはただのモデル文ではなく生命のあるディスコースとならなければならない。そのような工夫として、マスターテクストの作成にあたっては、3人の（架空の）人物を設定し、その人物たちが各ユニットのテーマについて語るという趣向にした。このようにすることで、それぞれのマスターテクストを学習者は「その人物の一連の語りの一つ」として位置づけることができると考えた。また、マスターテクストのオーディオは、その人物とその話の内容にふさわしい声と話しぶりになるように制作した。

　このようにして作成されたのが、自己表現活動中心の基礎日本語教育の中心的なリソースである『NEJ：A New Approach to Elementary Japanese―テーマで学ぶ基礎日本語』（くろしお出版、以降 NEJ と略称する）のナラティブである。語学教科書として言うと、ナラティブはいわゆる本文となる。巻末の資料2に、NEJ のナラティブの一例を示した。

3-2　ナラティブ学習の基本スキーム―ナラティブによる登場人物との対話的交流

　各ユニットの学習において、学習者は、他者の生きた発話・ディスコースを参照先としてこれを私物化することを通して言語習得を進める（基本原理3）。そのようなリソースとなるためにナラティブと学習者はどのような関係を構成しなければならないだろうか。その条件は以下のようになるだろう。

　条件1　登場人物を一人の人間として見ること。つまり、人生を生きる一人の人として見ること。
　条件2　ナラティブをそのような人のヴォイスとして聞くこと。

条件1は、前項で論じたマスターテクスト作成の趣向によって満たそうとしている。そして、条件2も、そのような趣向と質の高いオーディオを制作することによってそれが成り立つように条件を整備している。しかし、第二言語学習者の場合は、条件2が満たされるためには、以下のような下位条件を整える必要がある。

　条件3　ナラティブの中に条件2の成立を阻害する「わからない」要素がないこと。

　ここに言う「わからない」要素に関連しては、第2章の2-2で「第一言語の注釈」という議論をした。また、前著では、「わからない」問題の解決として同テーマについて論じた（西口, 2013, pp. 163-164）。端的に言うと、「わからない」問題に対しては必要に応じて「第一言語の注釈」を添えるという方術で対応しようというのがここでのアプローチの提案である。そこで、重要なのは、(1) 必要に応じて「第一言語の注釈」を添えるどのような言語活動従事状況を構成しその経験を積み重ねるのが適正であるか、そして、(2)「第一言語の注釈」をどのようなものとして添えるか、である。構想されている自己表現活動中心の基礎日本語教育では、そのような点も考慮して、ナラティブを基に、条件3から条件1を満たして学習者が登場人物との対話的交流に従事できるように、いくつかのステップで実施されるPPTカミシバイの活動を実践することを提案する。

3-3　PPTカミシバイの実践と第一言語の注釈
　紙芝居とは、子ども向けの話を、物語のシーンを描いた絵に従って語り手が語り聞かせる一種のエンターテインメントである。テレビがなかった時代の子どもたちには街頭で演じられる紙芝居は楽しい娯楽の一つであった。絵と語りの絶妙な組み合わせで演じられる紙芝居に、子どもたちは深く引き込まれた。紙芝居は、現在でも保育の活動の一つとして活用されている。紙芝居では、インパクトのある絵と調子をつけた語りが相まって物語の空間を現出させる。絵は像にすぎず、文字にされたセリフは平板なものである。それを演じ手は絵に潜在している事態や出来事を抑揚のあるナレーションで引き

出し、迫真のセリフ回しで登場人物のヴォイスを再現することで絵とことばに生命を吹き込んで、独自の戯曲的世界を創造する。そのような**カミシバイ空間**を教室に現出させて、その中で登場人物のヴォイスを聞きそれを私物化することで言語習得を進めようというのがPPTカミシバイという活動の趣旨である。

　PPTカミシバイとは、NEJのナラティブに添えられているイラストを中心として適宜にその他のイラスト等も追加して、ほぼ各発話毎にその内容を象徴するように作成された一連のPPTのスライドである。PPTカミシバイの活動では、一定の準備的な手続きを経て上の条件3の状況が整えられれば、一連のスライドで象徴されていることとそれに伴って順次に提示される登場人物のことばを重ね合わせることで、学習者は登場人物との対話的交流に入りその人格のヴォイスを聞くことができると想定されている。図5にはナラティブ学習の標準的な手続きが示されている。図中のステップ1がPPTカミシバイの活動で、その中のサブステップ1とサブステップ2が上に言う準備的な手続きで、サブステップ3が最終的に学習者が登場人物との対話的交流に入る段階となる。以下、ステップ1のサブステップ1からサブステップ3までの実施方法の基本を簡潔に説明する。

```
ステップ1　理解活動：人格の声を聞く
　サブステップ1　語・表現の理解：カミシバイ空間で物や事を知り確認する。
　サブステップ2　テクストの理解：カミシバイ空間で一連の事態や出来事を
　　　　　　　　　　　　　　　　　知る。
　サブステップ3　発話の理解　　：カミシバイ空間で語りを経験する。
ステップ2　模倣活動　　　　　：生命を吹き込まれたことばを宿す。
ステップ3　質疑・応答活動　　：宿したことばを再生して応える。
ステップ4　質問・答え活動　　：宿したことばを流用して応える。
```

図5　ナラティブ学習のステップ

通常の紙芝居の場合と同じように、PPTカミシバイは語り聞かせとなる。ゆえに、学習者は基本的に発話を要求されることはない。しかし、次のことばやセリフを鑑賞者に推測させる「間」を置くことはある。また、学習者は心の中であるいは小さい声で語りを反芻することはしてよい。あるいは、むしろ、それを自然にしてしまうように語るのがよい。PPTカミシバイは、語彙や文を導入して理解させるという側面は確かにあるものの、その活動の主眼はカミシバイのパフォーマンスを学習者が鑑賞しつつ全体的に反芻的に模倣することでそのパフォーマンスを全体として自身に染み入らせるあるいは自身をそのパフォーマンスに染み込ませることにある。そのために、パフォーマンスは適宜にそして十分に反復されなければならない。教師はそのような認識の下にPPTカミシバイを実践しなければならない。
　サブステップ1は、カミシバイの各スライドで象徴されている対象を引き出しそれをことばと重ね合わせる段階である。図中のサブステップ1のタイトルの「語・表現の理解」というのは語学教師の間での一般的な言い方を踏襲したもので、本カミシバイ活動の趣旨としてはむしろその後ろにあるように「カミシバイ空間で物や事を知り確認する」という言い方のほうが適当である。サブステップ2以降でも同じようにタイトルと趣旨が示されている。
　サブステップ2は、教師による事態や出来事の語り聞かせである。教師は、「〇〇さんは」（巻末資料2のナラティブの場合では「リさんは」となる）と適宜に挿入しながら、登場人物における一連の事態や出来事を語り聞かせる。それは、カミシバイの一連のスライドと連動しながら一連の事態や出来事を知り確認する経験となる。
　最後のサブステップ3では、教師の声ではなく登場人物の声（資料2のナラティブの場合は「リさん」の声）でPPTカミシバイが上演される。サブステップの1と2を通して「わからない」問題は解決されていることが期待されている。そして、「わからない」問題が解決されているならば、学習者はこの段階のPPTカミシバイを登場人物自身による語り聞かせのパフォーマンスとして聞き、その人物との対話的交流に入ってそれを経験できると想定されている。
　PPTのスライドに描かれている像が何であるかを知るためには、ことばの媒介が必要である。わたしたちはことばの媒介なしに対象や事態や出来事

を知ることはできない(3-2-1)。学習者がスライドの中の像を特定の対象や事態や出来事として認識する一次的な手段は第一言語のことばである。はじめはそのような第一言語のことばによる媒介に依拠しながら、徐々に新しい第二言語のことばでもそのような認識ができるようになること、そして、そうした認識作用の範囲を対象から事態や出来事へと拡げていくことが、PPTカミシバイのサブステップ1とサブステップ2の趣旨である。PPTカミシバイの実践では、学習者がそのようなプロセスを進行させることができるようにセリフ回し巧みにそして反芻しやすいように語りを聞かせなければならない。

　PPTカミシバイの中で出てくる学習者にとって未知あるいは未習熟の語や表現については、それについての「第一言語の注釈」が学習者によるカミシバイの経験に付帯して、意識化の強弱の差はあれ、当面は常にあると言わなければならない。そして、そのことを否定しようとして隠蔽する必要はない。PPTカミシバイ活動の趣旨は第二言語のことばによって直接にカミシバイの経験ができるように言語心理的な経験を積み重ねることであって、「第一言語の注釈」は経験が積み重なっていくにつれて自ずと弱まっていく。

3-4　PPTカミシバイを実践する教師の姿勢と技量

　先にも論じたようにPPTカミシバイの趣旨は、語彙を導入したり文を導入したりして発話が理解できるようにすることではない。そうではなく、カミシバイ空間で無理なく言語活動経験を積み重ねていって、そうした経験の堆積をリソースとして最終的に登場人物の語りをそれとして能動的応答的に理解(3-3-4)できるようになることである。それは、ナラティブを媒介として登場人物と対話的交流に入れるようになることであり、そこでナラティブのことばを登場人物の意識のヴォイスあるいは人格のヴォイスとして聞けるようになることであり、それを聞きながらそれに心の中で応答することである。

　そのようにPPTカミシバイを実践するためには、語や文の意味に過度に注目させてはならない。むしろ、カミシバイ空間の展開そのものが意味であるというほどの扱い方が適当である。その一方で、新しいことばの具象体については十分に聞かせ聴覚映像と言語心理運動の型(口頭による音声の再現の仕方)をしっかりと形成させる必要がある。そのためにはカミシバイの途

上で新しいことばは特に何度も繰り返し反復し十分に観察し反芻できる機会を与える必要がある。

　紙芝居がおもしろくて引き込まれるものとなるか否かが演じ手の技量にかかっているのと同じように、PPTカミシバイの実践が首尾よく行われ所期の目的を達成できるか否かは、実践者である教師の技量に大きく依存している。その実践が個性的で即興的となることは言うまでもないし、避けがたい。PPTカミシバイを実践する教師においては、語や文を理解させ言えるようにするという従来のラング指導的な教育的姿勢を捨てて、学習者の心にことばを育むという言語心理育成的な姿勢と巧みにそうした経験を学習者にさせる技量が求められる。

3-5　ナラティブ学習のスキーム

　PPTカミシバイは、次のステップ2の模倣活動への重要な準備活動となる。PPTカミシバイを通して、学習者は登場人物のセリフを「生命を吹き込まれたことば」として経験できるようになっていなければならない。そして、模倣活動は、そのような「生命を吹き込まれたことば」をそのまま繰り返し模倣し自己内に取り込む活動となる。模倣活動は登場人物の声であるオーディオで実施してもよいし、登場人物の話し方のイントネーション（第4章の注1）を引き継いで教師自身が声を出して実施してもよい。模倣活動は単なる繰り返し練習ではない。ゆえに、ここでも、「生命を吹き込まれたことば」を再生し、「生命を失わないままに」学習者に模倣させる教師の技量が求められる。シャドーイングなどはそのための有効な方法の一つである。

　登場人物の発話を滞りなくそれらしく模倣できるようになったら、ようやくステップ3の質疑-応答活動に入る。質疑-応答活動は、本文の理解を確認する質問と応答の活動ではない。そうした形態をとってはいるが、学習活動としての趣旨は、教師から登場人物の事情について尋ねられ、それに対して、学習者が登場人物のことばを盗み取ってそれを再生することで、いわば登場人物に代わって質問に応えるという形で教師と学習者の間で行われる対話的交流である。そこでは、学習者の応答の発話は、半ば登場人物のヴォイスで半ば学習者のヴォイスとなる。

　最後のステップ4は、質問-答えの活動である。このステップになってよ

うやく、登場人物のことから離れて学習者自身のことが話題とされる。教師は、学習者に対してステップ3と同じような質問を差し向ける。学習者は、登場人物の場合と照らし合わせながら自身の事情について応える。登場人物と事情が同じであれば、以下の例1のように、学習者は登場人物のことばを自身のことばとして流用して応える。

例1
T： Sさんは、毎日、朝ごはんを食べますか。
S： はい、食べます。
T： いつも、何を食べますか。
S： いつも、パンを食べます。
T： パンが好きですか。
S： はい、わたしは、パンが好きです。

登場人物の事情と学習者の事情が異なる場合は、例えば以下の例2のように、当該の部分に適当なことばを採り入れて応えることになる。ここでは、「おにぎり」以外の部分も表現に変化が起こっているが、それは新出の事項ではなく、ナラティブで使用されている言葉遣いの組み合わせとなっている。

例2
T： Sさんは、毎日、朝ごはんを食べますか。
S： はい、食べます。
T： いつも、何を食べますか。
S： いつも、おにぎりを食べます。
T： ああ、おにぎりを食べますか。おにぎりが好きですか。
S： はい、わたしは、おにぎりが大好きです。

以上説明したステップ1からステップ4が、他者の生きた発話・ディスコースを参照先としてこれを私物化することを通して言語習得を進める（基本原理3）という形での第二言語習得経験の前半部となる。次節では、その後半部について論じる。

3. 教材作成のスキームとナラティブ学習のスキーム　　115

4. ユニットの授業プランと学習者と教師

4-1 Tフォーメーション

自己表現活動中心の基礎日本語教育では、各ユニットで共通の授業プランを想定している。図6に示したのがそれである。この授業プランは、図式の形からTフォーメーションと呼んでいる。

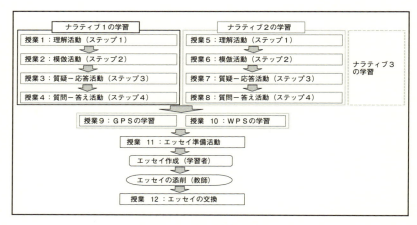

図6　ユニット授業のプラン

上図では1ユニットにナラティブが2つという仮定で計12の授業でこのユニットの学習を展開するプランとなっている。ナラティブがさらにある場合は、図のナラティブ3の部分のようにTの上部が拡がることとなる。

Tフォーメーションでの学習のネックは、そのユニットのテーマについて学習者が自分自身のレパートリーを創作することである。それが図中の「エッセイ作成」である。そして、そこに至るまでに学習者は、教師の指導の下に所定の手順で各々のナラティブの学習をし(授業1から授業8)、その中の文法構造と漢字表記の補強のためにGPS(Grammar Practice Sheet、教科書付属の文法練習シート)とWPS(Writing Practice Sheet、教科書付属の漢字練習シート)を学習し(授業9と授業10)、さらにエッセイ作成の準備としてタスクシートに基づくペア・ワークなどで自身の話をする活動に従事す

る(授業 11)。そのような授業＝学習の活動を経た上で学習者は自身のエッセイ作成に取り組む。

　エッセイの作成にあたっては、ナラティブを参考にすることが奨励される。エッセイの作成はテストではなく学習活動の一環なので、必要に応じてナラティブ＝マスターテクストから語や表現を盗み取ったりそれらを確認したりして、知識を補強することが期待されている。辞書でほしい日本語の言葉を見つけ出してきてエッセイで使用することももちろん奨励される。さらに完成度を高めるために、日本人の友人等に書いたエッセイを見てもらうのもよい。それもひじょうに有用な日本語習得の機会となる。

　エッセイが提出されたら、教師は添削して次の授業で返却する。添削にあたっては、単に語や文法や表記の誤りを訂正するのでなく、現在の日本語レベルのその学習者の自己表現としてふさわしいエッセイとなるように積極的に添削する。ただし、実際には、ナラティブ学習を経て、さらにナラティブ＝マスターテクストを参考にして書いた学習者のエッセイは、筆者自身のこれまでの経験では、たいていよくできており、大きく書き換えなければならない箇所はあまりない。

　エッセイが返却される授業 12 はエッセイを交換する時間である。学習者は添削された箇所を自身で確認し、まずは自身で完成したエッセイを音読する。次に、ペアになって、エッセイの読み聞かせ合いをする。相手のエッセイがわからないときの意味の確認やさらなる質問と答えのやり取りなどはもちろん奨励される。そのようなペアでの読み聞かせ合いを 2・3 ペアするのがよいだろう。それは、自身のエッセイ＝自分の話の自然な繰り返し練習となる。毎ユニットで、何人かの学生に前に出て発表させるのもよい。筆者が担当するクラスでは、さらに、そのエッセイを持って大学のキャンパスに出て日本人学生を見つけて自身の話を聞いてもらうという活動を実施している。そこでは、教室での学習を超えた自発的な言語活動も自ずと展開される。この「日本人学生に聞いてもらう活動」がうまくできればユニットの学習は完成であり、学習者自身もその達成を実感することができる。

　ナラティブというマスターテクストがこのようなユニット授業の流れとその中での授業＝学習の活動や学習者自身による学習などのすべての基盤になっているところから、このような方法を**マスターテクスト・アプローチ**と

呼んでいる。そして、その基礎日本語教育全体の教育方法としては、**自己表現活動中心のマスターテクスト・アプローチ**、略称して **SMT アプローチ**（self-expression-based mastertext approach）となる。SMT アプローチは、学習者にヴォイス（声）を獲得させようという第二言語教育の一つの提案であり試みである。

4-2　Tフォーメーションによる学習の方向づけと学習者のやる気

　SMT アプローチでは、Tフォーメーションが共通の授業プランとなり、このような授業＝学習の活動の流れがその適用によって暗示的にあるいは口頭で明示的にも、学習者に伝えられる。学習者は、各ユニットで、(a)自分自身のエッセイを書くこと、(b)エッセイをクラスメートと交換すること、さらに(c)キャンパスに出て日本人学生に話をすること、が設定されていることを1・2ユニット学習後には理解する。同時に、Tフォーメーションに沿って教師の指導と助言の下に然るべく学習を進めれば、そのような目標が首尾よく達成できることも知る。Tフォーメーションはいわば学習者を目標の言語技量へと導く「エスカレーター」のようなものである。この「エスカレーター」は、明瞭に学習を方向づけている。そして、それに「乗って」着実に学習を進めれば日本語学習がうまくいくという成功体験は、学習者のやる気を引き出す。

　Tフォーメーションは、実は、日本語学習を受身的な学習から能動的な学習へと転換する変換装置である。Tフォーメーションでの学習で、学習者は、これまでのように先生にあれこれ指示・指導されながらどこに至るのかわからない日本語学習をするのではなく、自分自身が能動的な主体となってはっきりとした成果に向かって日本語学習を進めることができるようになる。そして、そうした状況は、日本語習得の成否はそうした経路の上での自身の能動的な学習にかかっていること、そしてリソースや教師からは**日本語の話し方を教わればよく**、まさにそれこそがリソースや教師の主要な役割であることを学習者に認識させる。

4-3　SMT アプローチにおける教師の立場と役割

　こうした学習者における変化と並行して、教師も自身の立場や役割に変化

が生じていることを認識しなければならない。従来のカリキュラムと教材の下では、Tフォーメーションのように学習のプランが示されていなかったので、学習者は現在の授業や学習がどこにどのようにつながるのかを知ることができなかった。そして、それは教師も同様であった。そのために、教師は授業ごとに授業のねらいや目標を検討して指導案を作成して授業を実施しなければならなかった。つまり、教師は常に配当された教育内容の意味づけを自身でしなければならなかった。そして、その意味づけを何らかの形で学習者に伝えて「こんな趣旨で授業をします。わたしも一生懸命教えるので皆さんもしっかり勉強してください」と常に学習者を引っ張り続けなければならなかった。SMTアプローチでは、上のようなデザインになっているので、そのようなことをする必要はない。日本語習得のロードマップとそのための学習リソースはカリキュラムと教材として提供されている。各ユニットの学習の「エスカレーター」はTフォーメーションとして示されている。つまり、今や、教師が獅子奮迅になって学習者を教えるという状況は克服されて、**日本語習得の主導権は学習者の側に委譲される。教師は自己表現活動のために日本語の話し方を教わりたがっている学習者を穏やかに後押しし支援すればよい**という状況になったのである。

　教師が行う後押しや支援の基本は3つである。1つは、Tフォーメーションに沿う形で各ユニットの学習環境を実際に運営することである。2つ目はTフォーメーションの各ステップで所期の成果が得られるように各授業を巧みに実践すること。そして、3つ目は、それぞれの授業でそのステップとしてふさわしい言語指導や言語支援を随時に行うことである。

5. 結び

　従来の基礎(初級)日本語教育は、煎じ詰めると、**個々の言語事項をレゴのピースのように一つずつ学習するという「一時に一事項」(one structure at a time)の方法**に堕していた。SMTアプローチは、**学習者がことばをその本来の様態あるいはその疑似的な様態において経験し、そうした経験を基盤として自ら働きかけ自身のヴォイスを獲得できる環境を構成しその中で必要な指導と援助を受けることで言語発達を進行させること**へと基礎第二言語教育

を転換するものである。教育する側から言うと、SMT アプローチは、教室に**意識の対話的アリーナを構成し、その中で学習者による能動的な習得的働きかけを基礎としながら教師も指導と援助をすることによりそれを側面的に支援**するという第二言語教育のアプローチとなる。そして、この学習者中心の**言語発達的な対話的アリーナを駆動させるアプローチを対話論的アプローチ**と呼ぶならば、SMT アプローチは対話論的アプローチの基礎第二言語教育での一つの実現体となる。

　そのような SMT アプローチは、その名の通りアプローチであるがゆえに、基礎英語教育やその他の基礎第二言語教育への応用も可能である。もちろん、その場合には、個別言語の特性を考慮した一定の工夫は必要にはなるであろう。また、特定の学習者に身近な人物を主人公としたナラティブを用意することで、そのナラティブはマスターテクストとしてより有効な学習支援を提供することができるであろう。

　一方で、SMT アプローチが基礎以降の教育でもそのまま応用可能かどうかについては、一定の修正が必要だと思われる。まずは、SMT アプローチの「S」の「自己表現活動中心」という部分について、採り上げる主要な教育内容として引き続き自己表現活動という言語活動領域でよいかという問題がある。この点は、端的に、基礎後の段階や中級段階で何を主要な教育内容とするかは改めて検討されなければならないということである。一つではなく、複数の言語活動領域を設定するということも十分にあり得る[5]。一方で、そもそも基礎以降の段階でさまざまな種類の学習者に共通の言語活動領域を設定するのは無理があるという見方もあるだろう。しかし、いずれにせよ、対話論的アプローチを標榜するのであれば、授業や学習の活動の構図として対話的状況を構成できる言語活動領域が中心的な教育内容として選ばれなければならない。このあたりは、対話論的アプローチが成立する言語活動領域でありながら、学習者のコース終了後の実際の言語活動の基盤となる言語技量を特定するということで、カリキュラム・デザイナーの高度な専門性とデ

5　例えば、筆者の機関で実施している大学生・大学院生に対する中級日本語教育では、進んだ自己表現活動の領域と、「人と社会」というテーマでの CLIL の活動を設定している（西口、2014b）。

ザイナーとしてのセンスが求められるところである[6]。一方、マスターテクスト・アプローチの部分については、基礎段階以降の場合は基礎段階の場合と比べるとマスターテクストへの依存度は低くなるであろうが、引き続きその原則は維持されるだろう。例えば基礎終了程度の学習段階においては、設定された言語活動に従事できるようになるためにはマスターテクストを参照先としてそこから言葉遣いを私物化するということがまだ相当程度必要である。端的に、基礎終了程度の学習者はまだ CEFR で言う独立的言語使用者(independent user)にはなっていないので、マスターテクストというリソースによる有効な言語活動従事支援が相当必要だということである。

対話論的アプローチによる上級第二言語教育がどのようなものになるのかは、現在のところ筆者にはまだはっきりとは見えていない。ただ、最近英語教育で進展しつつある CLIL(content and language integrated learning、内容と言語の統合的学習、Coyle et al., 2010)の観点は、一定の方向を示していると思われる。CLIL の主要な主張は、(1)上級段階においては「一般言語コース」を設定するのは適当でないし有効ではない、むしろ、(2)ことばは内容と共に存立しているのだから特定の内容を学びつつことばも習得するのが有効である、となる。その根拠について Coyle らはかれらの本の第3章で論じており(Coyle et al., 2010, pp. 27-47)、かれらはその議論の中心に認知的な活動に従事すること(cognitive engagement)を置いている。何かを知るあるいは何かを学ぶというのは認知的な活動に従事することであり、その活動従事においては、対象と学習者の間、対象について言及しているテクストと学習者の間、学習者と教師あるいは学習者と学習者の間などさまざまな方面においてことばを媒介とした対話が展開される。つまり、CLIL の活動では意識の対話的アリーナが活性化されるのである。Coyle らは言及していないが、CLIL の重要な部分は対話原理を内包していると言える。

---

[6] Widdowson はこうした問題は最終的なねらいの反映としての教育目標を設定するという教育学的な課題であり、それまでの ESP(特殊目的のための英語教育、English for specific purposes)のカリキュラムではそうした視点が欠けていたと指摘している(Widdowson, 1983, pp. 8-13)。

第7章

対話原理から見た接触場面社会的交通

はじめに

　接触場面の社会的交通とは、第二言語話者と目標言語話者が行う社会的交通である[1]。そこでの第二言語話者は、多かれ少なかれ、目標言語の知識が十分でない状況となる[2]。そのような状況で、第二言語話者はできるだけ目標言語のみを口にするように心がけ工夫しながら現下の交通に従事し、一方で当該言語の話者は目標言語の知識が十分でない相手と自身との言語的に非対称的な状況を認識し理解して相手の話し[3]を時に特別に集中しながら聞き、自身も話し方を調整しながら、相手と協力して社会的交通を維持し進展しようとする。このような状況と姿勢と状況認識の下に運営されるのが接触場面社会的交通である。

　接触場面社会的交通では当該言語話者同士の社会的交通とは異なる特徴が見られるとして、これまでさまざまな研究が行われてきた[4]。しかし、従来の研究ではいずれにおいても、斯く斯く然々のことばのやり取りがそこで行われたという地点から出発して、そのやり取りの仕方の特徴を記述しようとした。そのような研究で接触場面での言語活動従事についていくつかの興味深い現象を捉えることはできたが、第二言語の習得と教育にとって重要な知見を提供することは十分にできていない。

1　接触場面の概念が提示されたのは、ネウストプニー(1981)が最初である。当初は、外国人場面と呼ばれていた。
2　目標言語の能力が十分な場合は、「準母語話者場面」(ネウストプニー, 1981)となる。
3　本章では「話すこと」という意味で「話し」としている。
4　尾崎(1981)、村岡(1999)、宮崎・マリオット編(2003)、Tarone(1977; 1980)、Schwartz(1980)、Gass and Varonis(1985)、Varonis and Gass(1985)、Long and Robinson(1998)、など。

社会的交通の現実の様態を浮かび上がらせようとする対話原理の視座は、第二言語の習得と教育に関連する重要な現象を補足できる可能性を秘めている。西口（2013）では対話原理の視座の下に母語話者による第二言語話者の語りの支援の様態について検討した。本章では、第二言語話者がもっぱら話し母語話者が聞くという形の接触場面社会的交通を対話原理の視座から検討する。そして、そこから一定の教育的な示唆を導出する。

　本研究で検討する資料は、基礎日本語学習を終了しているHを協力者として実施した自由会話セッションである。Hは20代前半の大学生で、母語は英語である。そして、FとKは日本語話者で、Kは筆者である。HとFとKは初対面ではなく気楽に話せる関係にあるが、個人的に話をするのはこれが初めてである。資料1の「セッションの指示」に基づいて、セッションでは自分のことについて主にFに向けて自由に話してくださいとの指示が与えられた。主に日本語で話してほしいが、うまく言えない場合は英語に切り換えることは差し支えないと指示された。

資料1：　セッションの指示

1. Free Conversation Session on (Possibly) Manageable Topic
01　Please enjoy talking to F-san as if you enjoy talking to your friend. Please talk in Japanese as you usually do when you talk to your Japanese friend. You may use English when you come up with a object or topic that you cannot express in Japanese, as you may when you are talking to your Japanese friend. In that case F-san may provide you with appropriate Japanese word. You may temporally suspend your talk and take notes if you would like to do so.
02　When you feel uncomfortable, you may suspend or stop the session by talking to the researcher.
2. Today's Topic
　Please talk to F-san on the following topics. F-san may sometimes ask questions while you talk as a usual conversation partner would do so.
　　（1）About your childhood / about your student life
　　（2）About your family
　　（3）About your favorites（food, drinks, music, sports, manga, anime, movies, etc.）
　　（4）About your trips

指示の中で "researcher" として言及されているのは筆者である。HとFはテーブルを挟んで対面して話している。Fの横に座っているKはいわばこの会話の傍聴者であるが、実際にはHにとって副次的な話し相手になっている。また、以下の抜粋2の中の "wants to move" の部分などのように主要な話し相手になることもある。

　セッションは、23分続いた。セッションは録画し、すべて書き起こした。また、セッション実施の1週間後にビデオを見ながらフォローアップ・インタビューを行い、セッション中のHの気持ちや考えたことなどについて尋ねた。本章で検討するデータは同セッションの冒頭部の抜粋である。抜粋部はこの順で行われている。接触場面相互行為を研究したことがある方はご承知のように、接触場面相互行為の様態はさまざまな種類のムーブが交錯していることが多い。データとして以下の抜粋を選んだのは、その部分が本章での考察を進めるのに関連の現象が比較的整然とした形で生じていると見られたからである。

抜粋1
　　（　）は相づち等。［　］はジェスチャーや体の動きなど。〈笑い〉は両者の笑い。以下、同様。
1H：　んーと、わたしの家族、3人います。母と妹とわたしです。えー、母は、んー---、病院で-働いています。妹は、大学生です。今、わたしたちの家は、中国-の学生は、2人います。（F：ふーん。へえ。）わたしたちは、ホストファミリーです。でも、中国の学生は、家、家でタバコを吸う。だから、お母さん、母は、あまり好きではありません。〈笑い〉おもしろいです。〈笑い〉
2K：　…〈中略〉…じゃあ、ストップしたらどうですか。「家の中ではタバコ、だめ」って
3H：　はい、はい、言っていました。（K：言っていました）でも、えー、---、but they still タバコを吸う。（F：あーん）〈笑い〉…〈中略〉…えん。そして、uhm、---、中国の女の人は、えー、料理をするのときは、あー、ときどき、---、カ、---、set fire［炎が上がったというジェスチャー］〈笑い〉、cooking pot。（K：ああ、cooking pot）（K：こわい）こわいです。［うなずく］

抜粋 2

4H： 今、あー、お、母は、わたしたちの大学の病院、今、uhm、働いています。(K：ああ、ほんと)そして、あーん、母は、もっと近くの家に、住んで、---［Kの方を見て］wants to move、(K：んん、wants to move、はーん、住みたい)住みたい。［うなずく］はい。

抜粋 3

5F： Hさんは、高校生のとき、何かクラブとか、し---

6H： いー、と、高校のときは、どうでしたか。ふーん。高校のときに、あまり、クラブ、に、---、I wasn't part of many clubs、高校で、でも、あー、中学校、(F：中学校)中学校で、えーと、泳ぐ［ジェスチャー］(F：水泳)スイ［うなずく］水泳、uhm クラブ、---、uhm、how do you say "I was part of a club"(F：あ、うんと、スイミングクラブ、水泳のクラブに、入って ---)入っていました。［メモを始める］---、"part of"、---。〈笑い〉うーん、泳ぐのが大好き。〈笑い〉大好きです。えーと、うーん、---、大学の一年生ときは、えー、日本語のクラブ、に、入っていました。

抜粋 4

7H： (日本人の女の子と〈筆者注〉)えー、友だちになりました。(FとK：へえ)彼女の家に行きました。バースデーパーティ、(FとK：はあ)に、行きました。日本の食べ物を食べました。あとー、日本の文化を、えー、習いました。少しだけ。えー、彼女はわたしの名前、カタカナでわたしの名前は、教え、教えました。(FとK：ふーん)はい。おもしろかったです。(FとK：ふーん)そして、uhm、uhm、そのときから、日本、日本文化が大好き、(FとK：へえ)

以下の分析では、まず最初に副次的な話し相手であるKの対話的空間(3-3-3、西口、2013, p. 138)を見る(第1節)。次に、第二言語話者であるHの対話的空間について検討する(第2節)。続いて、こうした検討を踏まえて一般的に接触場面社会的交通の現実の構成について考察する。また、接触場面社会的交通へのアプローチの方法についても言及する(第3節)。本文中でしばしば出てくる〈わかる〉、〈わからない〉、〈わかりにくい〉や、「日本語」や「日本語話者」や「翻案」などについてもその部分で論じる。最後に、本章の研究から得られる第二言語の習得と習得支援への示唆について議論する(第4節)。

1. 日本語話者の対話的空間

1-1 整えながら聞く日本語話者

　まず、抜粋1の1Hを見てみよう。プロトコル①の左欄では、1Hのことば＝外言を短いまとまり毎に区切って、音声を示すという趣旨でカタカナで提示している[5]。H以外のあいづちを含むことばは3文字下げで示している。その後ろの（　）内はその発話者である。右欄のKの対話的空間においては、プロトコル2（第4章）に準じて、一旦受け取った「わたしにとってのあなたの声」を「/　/」で示している。さらに、それに「一旦受け取った」という性質が認められるのでやや小さいフォントで、そしてその中のフィラーやポーズなどはさらに小さいフォントで示している。1スペース置いてそれに続くのは、それについてのKにおける想定される思考＝内言（4-2-3）である。波線部は相手への潜在的な応答となっている。プロトコル②でも同様である。

プロトコル①

外言のやり取り	Kの対話的空間
01 ントー　ワタシノカゾク　サンニンイマス	(1) /んーと、わたしの家族　3人います/　ああ、ご家族は3人
02 ハハトイモートトトワタシデス	(2) /母と妹とわたしです/　ああ、お母さんと妹さんとHさん
03 エー　ハハハ　ンー---、　ビョーインデーハタライテイマス	(3) /えー、母は、んー---、病院で一働いています/　ん？病院に勤めています？
04 イモートハ　ダイガクセーデス	(4) /妹は、大学生です/　ああ、妹さんは、大学生
05 イマ　ワタシノイエハ　チューゴクーノガクセーハ　フタリイマス　　フーン　ヘエ（F）	(5) /今、わたしの家は、中国の学生は、2人います/　ああ、家には、中国の学生が2人いる
06 ワタシタチハ　ホストファミリーデス	(6) /わたしたちは、ホストファミリーです/　ああ、ホストファミリーをしています

---

[5] 音節が子音で終わっている場合は、その子音のみを示した。例えば、「クッキンg」や「ポッt」など。

07 デモ　チューゴクノガクセーハ　イエイエデタバコヲスウ	(7)/でも、中国の学生は、家、家でタバコを吸う/　ああ、中国の学生は、家でタバコを吸う　<u>嫌ですね</u>。
08 ダカラ　オカアサンハ　アマリスキデハアリマセン〈笑い〉	(8)/だから、お母さんは、あまり好きではありません/　ん？お母さんは、中国の学生たちが？あまり好きじゃなかった？
09 オモシロイデス〈笑い〉	(9)/おもしろいです/　<u>何が？</u>

　第4章の1-3でも論じたが、ここで想定された内言が実際に正確にそれであったかどうかが重要なのではない。わたしたち日本語話者が日本語第二言語話者によるこのような話し方での話しを聞いているときは、母語話者場面で普通に相手の話を聞いている場合とは異なり、即座に能動的応答的に理解(3-3-4)できない相手のことばを心の中つまり対話的空間で反芻したり、自分のために言い直したり、確認的に問い返したりしていることが実感としてある。プロトコル①はそのような場合の様態を示している。

　プロトコル①の01から08の範囲では、Hの話しを聞くKにおける対話的空間の下線部は、確認的な問い返しとなっている(3)と(8)の部分以外はすべて自分のための言い直しとなっている。ただ、自分のための言い直しと確認的な問い返しはひじょうに近接した現象である。例えば、(3)の下線部は確認的な問い返しとして示しているが、疑問のトーンを除去して自分のための言い直しとすることもあり得るし、(6)の下線部は疑問のトーンを付け加えてもよい。いずれにせよ、ここまでは、必ずしも十分に整っていないHの話しを〈わからないことなく〉聞いている日本語話者Kは、このように対話的空間において相手のことばを自身のために整えながら聞いていると見ることができる。太字になっているのは、そうした整えにおいて補充や言い換えなどが起こっている部分である。プロトコル②でも同様である。

1-2　再構成しながら聞く日本語話者

　次に、2Kから3Hを見てみよう。

プロトコル②

外言のやり取り	Kの対話的空間
ジャア ストップシタラドウデスカ 「イエノナカデハ タバコ ダメ」ッテ(K)	
10 ハイ ハイ イッテイマシタ。 イッテイマシタ(K)	(10)/はい、はい、言っていました/ああ、「だめ」って、言っていました。
11 デモ エ---- バット ゼイ スティl タバコヲスウ。 アーン(F) 〈笑い〉	(11)/でも、えー---、but they still タバコを吸う/ ああ、でも、<u>学生たちはまだタバコを吸っていました</u>
12 エン ソシテ uhm --- チューゴクノ オンナノヒトハ エー リョーリヲスルノトキハ アー トキドキ---カ---カセットt ファイアー［炎が上がったというジェスチャー］〈笑い〉クッキンg ポッt アア クッキンg ポッt(K)	(12)/えん、そして、uhm、---、中国の女の人は、えー、料理するのときは、あー、ときどき、---、カ、---、set fire, cooking pot/ ああ、<u>中国の女の人は、料理するとき、ときどき、鍋を燃え上がらせた！</u> ああ、cooking pot
コワイ(K) 13 コワイデス。 ［うなずく］	おー、こわい (13)/こわいです/ <u>本当にこわいですね</u>

　ここでは、まず、Kの最初のことばとそれに対するHの応答10を合わせて、KはHの趣意を「『だめ』って、言ってました」と再構成していると想定される。さらに、その趣意を知らせることができたと考えたか、Hは次に「デモ　エ----　バットt　ゼイ　スティl　タバコヲスウ」(11)と言う。Kはそれにかかっているイントネーション（第4章の注1）も手がかりにして「でも、学生たちはまだタバコを吸っていました」の趣意であると即座に受け取っている。そして、それも通じたと思ったか、Hはさらに12のように言う。12は言語的にはかなり不十分であるがジェスチャーや英語の助けもあってKは(12)の下線部のようにその趣意を再構成している。このように当該言語話者は、前節のように「整えながら聞く」と言うよりも、相手の趣意を日本語に再構成しながら聞くこともある。

1-3 第二言語話者の話し方と「通じる」こと

　ここまでのところのHの話し方は、〈わかりやすい〉部分もあれば（例えば、01から05）、〈わかりにくい〉部分もある（例えば12）。しかし、Hは話し続けている。それは、FとKから「話は概ね通じている」という態度的あるいは表情的なサインを受け取っているからだと判断できる。そして、実際にも現場でFとKはそのようなサインを出している。ただし、FもKも、Hの一つひとつのことばを聞いていつも即座に承認してそのようなサインを出しているわけではない。そうした様子は、FやKのあいづちのタイミングやイントネーションやかれらの態度や表情に表れている。Hの話し方が不完全であることが、FとKに〈わかる〉ための一定の言語心理的な作業を要求しているものと見られる。そして、プロトコル①とプロトコル②で示したような対話的空間での実際にHの口から出た日本語の話しとKが整えたり再構成したりした日本語への移行の作業がその〈わかる〉ための作業の内実であると推察できる。つまり、一般的に、不完全になりがちな第二言語話者の話しを聞いている間中ずっと当該言語話者は、第二言語話者が言おうとしていることを活発に日本語に翻案しながら聞いていると推測されるのである。

2. 日本語第二言語話者の対話的空間

2-1　第一言語でまず考えて話す第二言語話者

　次に、第二言語話者の側の対話的空間を見てみよう。まず、注目したいのは先のプロトコル②の12、つまり抜粋1の3Hの後半部である。フォローアップ・インタビューで、このあたりの心理についてHは以下のように話している。

　　フォローアップ・インタビュー1
　　H： I wanted to talk about the Chinese students more, but I didn't really know how to describe what they did. Like, "when she is cooking, she sets the pot on fire", but I didn't know how to say that.
　　　　（日本語訳：中国人の学生のことについてもっと話したかったんだけど、かれらがしたことをどう日本語で言ったらいいかわからなかった。例

えば、「料理をしているときに、その人は鍋を燃え上がらせました。」と言いたかったけど、言い方がわからなかった。)

　この部分の外言のやり取りを右に示し、フォローアップ・インタビューで得られたそのときのHの思考を試しにポーズやフィラーの部分に挿入してHの対話的空間を構成してみると以下のようになる。下線部がHの思考を挿入した部分である。

プロトコル③

Hの対話的空間	外言のやり取り
(12)エン　そして　uhm ---　中国の女の人は　<u>when she is cooking</u>　料理をするのときは　アー　ときどき　<u>she sets the pot on fire</u>　火(か)　<u>how to say it in Japanese set fire</u>　[炎が上がったというジェスチャー] cooking pot /ああ、cooking pot/ /こわい/ (13)こわいです	12エン　ソシテ　uhm ---　チューゴクノ　オンナノヒトハ　エー　リョーリヲスルノトキハ　アー　トキドキ ---　カ ---　セットファイアー[炎が上がったというジェスチャー]〈笑い〉　クッキンgポット 　アア　クッキンg　ポットK)　コワイK) 13コワイデス。[うなずく]

　さらに推測をたくましくして、Hは基本は英語で思考していると仮定して観察されたポーズやフィラーの部分に該当すると思われる英語を挿入すると、以下のような対話的空間が得られる。破線部が挿入した部分である。

プロトコル④

Hの対話的空間	外言のやり取り
(12)and,そして, the Chinese woman, 中国の女の人は, when she is cooking, 料理をするのときは, sometimes, ときどき, she sets the pot on fire, 火(か), how to say it in Japanese set fire [炎が上がったというジェスチャー] cooking pot,	12エン　ソシテ　uhm, ---　チューゴクノオンナノヒトハ　エー　リョーリヲスルノトキハ　アー　トキドキ ---　カ ---　セットファイアー[炎が上がったというジェスチャー]〈笑い〉　クッキンgポット

2．日本語第二言語話者の対話的空間　　131

/ああ、cooking pot/ /こわい/ (13) こわいです	アア　クッキンg　ポッt(K) コワイ(K) 13 コワイデス。 ［うなずく］

このように示してみると、H はまずは自在に行使できる英語等で思考して意識を全体的に緩やかに浮上させ、その後に意識の各部を焦点化して日本語での思考を呼び出しているのではないかと推察される。そのような推察を確認するために、フォローアップ・インタビューでポーズのときは何をしているかと尋ねたところ、H は次のように答えている。

フォローアップ・インタビュー2
H： I think I'm thinking of Japanese words.
K： Trying to find Japanese words?
H： Yeah.
K： No English words? Here, in this moment. No English word appear in your mind?
H： I already know the English. So --- while I'm thinking, I'm just trying to think of what it is in Japanese.
K： No particular English words?
H： In some English words, I'm picturing my house, and like, the students there. Like a picture. I see them in the head. And I'm trying to find Japanese word that suits the picture.
　　（H のモノローグとして日本語訳：ポーズのところでは日本語の言葉を考えてる。日本語の言葉をさがしてる。例えばさっきの中国人の学生のところだと、英語の言葉は思い浮かんでるんだけど、それで、考えているときは、それは日本語でどう言えばいいんだろうって一生懸命考えてる。何か英語の言葉みたいなものがあって、それで家とそこにいる学生さんたちのイメージが思い浮かんでて、頭の中で絵みたいに見えてる。それで、そのイメージにぴったり合うような日本語の言葉をさがそうとしてる。）

ここでは、英語のことばはすでにわかっていて、むしろ当該の情景をイメージしながら、日本語のことばを呼び出そうとしていると H は答えてい

る。いずれにしても、話しをまずは日本語以外の記号(イメージも含む)で浮かび上がらせて、その後に日本語を呼び出そうとしていることがわかる。

2-2 断片的に語る第二言語話者

同じような様態は、抜粋4の7Hの部分においても観察される。この部分は一見うまく話せているように見える。しかし、フォローアップ・インタビューでHは以下のように話している。

フォローアップ・インタビュー3

H： I wanted to talk about, um, my Japanese friend more. And, um, like, "I went to her birthday party. And it was a Japanese-style birthday. We ate Japanese food, and played Japanese games". But when I said it, it sounded kind of redundant, like, "日本の食べ物を食べました。えー、えー、日本のゲームを、遊ぶ、遊びました." And I mean, I forgot how to do the thing, like, um, 食べ、食べたり、

（日本語訳：日本人の友だちのこともっと話したかった。例えば、「彼女のお誕生会に行きました。日本スタイルのお誕生会でした。みんなで日本の食べ物を食べたり、ゲームをしたりしました。」とか。でも、それを言ったときは、「日本の食べ物を食べました。えー、えー、日本のゲームを、遊ぶ、遊びました」っていうふうに何だか冗長な言い方になっちゃった。つまり、「食べたり」とか言いたかったんだけど、その作り方を思い出せなかった。）

このフォローアップ・インタビューのデータに基づいてセッション中のHの対話的空間を仮想的に再現してみるとプロトコル⑤のようになる。1文字下げの斜体・強調部が想定されるHの思考となる。

プロトコル⑤

Hの対話的空間	外言のやり取り
えー、友だちになりました。 　/へえ/ 　*I went to her birthday party. And it was a Japanese-style birthday. Japanese-style? birthday 日本スタイル？ バースデー？*	エー　トモダチニ　ナリマシタ ヘエ(FとK)

彼女の家に行きました。バースデーパーティ、	カノジョノ　イエニ　イキマシタ　バースデーパーティ
/はあ/	ハア(FとK)
に、行きました。	ニ　イキマシタ
We ate Japanese food, and played Japanese games. 日本の食べ物を食べました。えー、えー、日本のゲームを、遊ぶ、遊びました。***It's redundant!*** 食べ、食べたり、遊び？　たり？　***Oh, I forgot how to do this!***	
日本の食べ物を食べました。	ニホンノタベモノヲ　タベマシタ
I want to talk about my Japanese friend more, like!	
あとー、日本の文化を、えー、習いました。少しだけ。えー、彼女はわたしの名前、片仮名でわたしの名前は、教え、教えました。	アトー　ニホンノブンカヲ　エー　ナライマシタ　スコシダケ　エー、カノジョハ　ワタシノナマエ　カタカナデ　ワタシノナマエハ　オシエ　オシエマシタ
/ふーん/	フーン(FとK)
はい。おもしろかったです。	ハイ　オモシロカッタデス
/ふーん/	フーン(FとK)
そして、uhm、uhm、そのときから、日本、日本文化が大好き、	ソシテ　uhm　uhm　ソノトキカラ　ニホン　ニホンブンカガ　ダイスキ
/へえ/	ヘエ(FとK)

　フォローアップ・インタビュー3の冒頭で言っているように、友だちになった日本人の女の子のことやその子の家での誕生日パーティーのことなどについてHは話したくてさまざまな情景や思考が浮かんだであろうと推察される。しかし、日本語リソースが限られているために、Hはこのトピックについてはこれで切り上げている。プロトコル⑤の後半の「アトー　ニホンノブンカヲ」以下は、現在の言える範囲のことを何とか言ったのであろうと推察される。

　プロトコル④やプロトコル⑤のように、表面に現れたことばの背後で第二言語話者は第一言語と第二言語の両方で活発にさまざまな思考活動を行っていると見ることができる。その一つの証左になると思われるが、上のプロトコル⑤では思考の具象体としての第一言語(英語)が対話の表面に現れていないが、抜粋3の6Hの以下のプロトコル⑥ではそのような第一言語での思考

の具象体が直截に表面に現れていると見ることができる。その部分は補助的に（　）で英語を示した。

プロトコル⑥

Hの対話的空間	外言のやり取り
高校のときに、あまり、クラブ、に、---、I wasn't part of many clubs、高校で、でも、あー、中学校、	コーコーノトキニ　アマリ　クラブ　ニ　---　アイ　ワズンt　パーt　オv　メニー　クラブz(=I wasn't part of many clubs)　コーコーデ　デモ　アー　チューガッコー
／中学校／ 中学校で、えーと、泳ぐ	チューガッコー(F) チューガッコーデ　エート　オヨグ[ジェスチャー]
／水泳／ スイ 水泳、uhm クラブ、---、uhm、how do you say "I was part of a club"	スイエー(F) スイ[うなずく] スイエー　uhm　クラブ　---　uhm　ハウ　ドゥ　ユー　セイ　アイ　ワz　パーt　オv　ア　クラb(= how do you say "I was part of a club")
／あ、うんと、スイミングクラブ、水泳のクラブに、入って ---／	ア　ウント　スイミングクラブ　スイエーノクラブニ　ハイッテ　---(F)
入っていました。---、"part of"、---。	ハイッテイマシタ[メモを始める]---　パーt　オv(="part of")　---　〈笑い〉

また、先のプロトコル②の11の「バッt　ゼイ　スティl　タバコヲスウ」は、当該のやり取りの進展とその社会的交通の条件下で趣意を疎通させる絶妙の混成的なことばとなっていると見られる。

2-3　ことばを借用して話す第二言語話者

次に、ことばの借用とでも呼ぶべき現象を見てみよう。先のプロトコル⑥の「スイエー」の部分では、Hの「オヨグ」を受けてFが「スイエー」と言ったのを借用してHは「スイエー、uhm クラブ」と話しを続けている。また、自身の「how do you say "I was part of a club"」を受けたFの「（スイエーノクラブニ）ハイッテ ---」を借用し拡張して「ハイッテイマシタ」と

言っている。この「ハイッテイマシタ」については、さらにプロトコル⑥の続きで、以下のプロトコル⑦の下線部のようにHは再利用している。

プロトコル⑦

Hの対話的空間	外言のやり取り
うーん、泳ぐのが大好き。 大好きです。 えーと、うーん、---、大学の一年生ときは、えー、日本語のクラブ、に、<u>入って</u><u>いました</u>。	ウーン　オヨグノガ　ダイスキ〈笑い〉 ダイスキデス エート　ウーン　---　ダイガクノ　イチネンセイトキハ　エー　ニホンゴノクラブ　ニ　<u>ハイッテイマシタ</u>

これに対し、以下に示すように、抜粋2の4HではFに話していたHはFから一旦視線をそらしKの方を向いて「ウォンts　トゥー　ムーヴ」とKに話しかけている。そして、Kの「スミタイ」を得て、またFの方に向き直って「住みたい」と言っている。

プロトコル⑧

Hの対話的空間	外言のやり取り
今、あー、お、母は、わたしたちの大学の病院、今、uhm、働いています。	イマ　アー　オ　ハハハ　ワタシタチノ　ダイガクノビョーイン　イマ　uhm　ハタライテイマス
/ああ、ほんと/	アア　ホント(K)
そして、あーん、母は、もっと近くの家に、住んで、--- wants to move、 /んん、wants to move、はーん、住みたい/	ソシテ　アーン　ハハハ　モット　チカクノイエニ　スンデ　--- [Kの方を見て]ウォンts　トゥー　ムーヴ ンン　ウォンts　トゥー　ムーヴ　ハーン　スミタイ(K)
住みたい。はい。	スミタイ[うなずく]

これらは、思い浮かばなかった日本語あるいは知らなかった日本語について対話相手等の介添えを得て、それを借用して話しを進展させていると見ることができる[6]。

---

6 「スイエー」(水泳)については、このセッションの10日ほど前にクラブ活動について留学生相談室で尋ねたときに聞いたとHはインタビューで言っている。「ハイッテイマシタ」(入ってい

3. 考察

3-1　社会的交通に従事するということ

　わたしたちはことば＝外言を枢要な媒介として他の人と交わりつつ唯一の統合的な存在の出来事を共同的に経験する(3-2-2)。社会的交通の神秘は、それを中心的に媒介していることば＝外言の実体は物理的な音声でしかないということである。この神秘を解明すべく、われわれは、ことば＝発話は話し手と聞き手とが共有する共通の領域であり(3-3-1)、外に実現されたことば＝発話は海面上に顔を出している氷山の一角のようなもので、その背後には多種多様な声がせめぎ合うようにあって響き合っているとの見解を提示した(3-3-2)。そして、第4章の第1節と第2節では、具体的な社会的交通に準拠してそうした発話＝外言とその背後に認められる内言の様態を検証した。さらに同章の第3節では、ヴィゴツキーの思想と動機に関する見解を引き合いに出して、能動的応答的理解(3-3-4)は実際には外言に向けられているのではなく、相手の動機つまり情動や意志をめがけて発話と発話行為の全体に向けられていて、だからこそ、能動的応答的理解は発話のテーマを捉えることができるとの見解を示した(4-3-1)。具体的な一つの意識ともう一つの具体的な意識との間で営まれる接触・交流である対話的交流＝対話で、対話者たちは意識の対話的アリーナを共同的に経験するのである(3-3-3)。

　わたしたちは具体的な社会的交通において、取り交わされることば＝外言を枢要な媒介として共同的に存在の出来事を経験する。日本語話者同士の場合ではそのような場合に取り交わされることば＝外言は日本語となり、英語話者同士の場合では、英語となる。そしてその場合のことば＝外言(日本語あるいは英語)は、具体的な社会的交通の当該の契機に相応するものが表れる。そして、対話者たちは相互に、能動的応答的理解の作用によって相手のことば＝外言を重要な手がかりとしてその契機における相手の発話のテーマを、より広くは動機を、知ろうとし、同時に自身の次の応答的なテーマや動機を応答のことばとして生成する。第4章で考察した内言やポドテキストは

　　した)と「スミタイ」(住みたい)については、セッション時のHの反応と日本語学習歴から推測して、全く知らなかったことばではなく、既習の要素の新たな複合、つまり既習の動詞と既習の動詞補助要素の組み合わせであると見られる。

そのように社会的交通に従事するときに「わたしにおけるもう一つのあなたの声」や「わたしにおけるもう一つのわたしの声」などとして多かれ少なかれ意識されるものである。そして、それぞれのことば＝外言は両者が共有する共通の領域として、対話者それぞれにおいて構成される存在の出来事の結構(3-2-2)の最表面に定位されるのである。他者と共に社会的交通に従事するというのはそのような事態や経験であり、ことば＝外言はそのような位置を占めるのである。

3-2　接触場面社会的交通に従事すること

　日本語が主要言語となる接触場面社会的交通において、第二言語話者の話しを聞く日本語話者はやはり能動的応答的理解を働かせてことば＝外言を共通の領域として存在の出来事の結構を構成しようとする。ただし、ここで注意しておかなければならないのは、能動的応答的理解の作用は超言語的なものではなく言語特定的であることである。つまり、日本語話者の場合は日本語によりその作用を行うのである。

　接触場面社会的交通においては話し相手である日本語第二言語話者の口から出てくることば＝外言は、プロトコル①やプロトコル②のようにその契機においてあり得る次の存在の出来事の結構の最表面の要素としてはしばしば不完全となる。そんな場合に日本語話者は、出されたことばをその位置にふさわしい本来のことば(日本語)に翻案する。それがプロトコル①やプロトコル②でKがその対話的空間で行っている言語心理的な作業である。また、接触場面社会的交通では、多少とも第二言語話者の第一言語(本章のケースでは英語)を知っている話者においては、第二言語話者が時に行使するかれの第一言語のことばを承認しそれを自身のことばに置き換えるという言語心理的作業も行う。

　一方、第二言語話者の方に目を向けると、まずは、第二言語話者は複言語的な対話的主体(3-2-4)であることに留意しなければならない。つまり、第二言語話者は、第二言語だけでなく、第一言語やその他の自身が利用可能な記号によって思考し意識を浮上させることができるということである。第二言語話者においては、第二言語よりも第一言語のほうが優勢なので、どちらかと言うと第一言語のほうでまず思考するというのは十分に予想されること

である。とりわけ、HのようにまだCEFRスケールでBレベルの自律的使用者に至っていない場合はなおのことそうである。プロトコル④やプロトコル⑤からは、Hの対話的空間がそのように複言語的となっていて、当該の社会的交通が日本語が主要言語の社会的交通であるために英語での思考を外言化することを抑制してできるだけ日本語で話そうとしている様子が読み取れる。しかし、自身の日本語だけでは自分が話したいごく限られたことさえ十分に意思疎通できないので、Hは時にプロトコル⑥の冒頭のように英語で話したり、プロトコル⑥のそれ以降やプロトコル⑧のように話し相手や傍聴者にことば（日本語）の介添えを求めたりする。これは、先に言及したように話し相手であるFやKがHの第一言語ができるがゆえに可能なことである。また、FとKがHの第一言語ができるので「but they still タバコヲスウ」のような混成的なことばも社会的交通を進展させるために有効となるのである。

　このような両者の事情をかけ合わせると、接触場面社会的交通は対話者それぞれの複言語的な対話的空間の交わりにおいて運営されていると見ることができる。つまり、複言語話者である第二言語話者と多少とも複言語話者である当該言語の話者が交わる状況では**複言語的な意識の対話的アリーナ（3-3-3）**が織り成されて、その上のことば＝外言をナビゲーター（進路案内）として具体的な社会的交通が運営されていると見られるのである。

3-3　〈わかる〉、〈わかりにくい〉、「日本語」、「翻案」などについて

　次に、〈わかる〉、〈わからない〉、「日本語」、「翻案」などについて論じる。

　このセッション全般について言うと、Hは研究者からの指示の趣旨をよく理解して話題を選択し言語を選んでいる。Hが優先しているのは研究者から指示されたHが日本語と考えている種類の言語である。一方で、KやFがデフォルトとして自身の言語として行使している言語も日本語であり、社会的交通が順調に進展している局面では、Hが日本語と判断して口にしていることばを即座に能動的応答的に理解して承認したり応答したりしている。しかし、Hのことばが〈わかりにくい〉ときは、他の言い方（日本語）に翻案している（プロトコル①やプロトコル②）。

　ここで一つ論点としたいのは、Hの口から出た〈わかりにくい〉ことばに

ついてである。この〈わかりにくい〉ことばは日本語なのだろうか。もちろん、Hが「日本語」と判断してHの口から出たことばは、それが何語であるかと問われれば、確かに日本語（あるいは日本語を意図したもの）となる。しかし、その見解はすでに一定の抽象化に基づく見方である。それに対し、日本語話者同士の社会的交通では、他の言語であることを承知で別種のことばを行使する場合（例えば、日本語話者同士で英語で話す場合）以外は、そこで交わされることばはそのまま日本語となり、そうしたことばを媒介として社会的交通が順当に運営される[7]。このように考えると「日本語」と言う場合には、2つのケースがあることがわかる。1つは、あらかじめ日本語と言うものが補足されていてその言語の呼称としてあるいはその集合の一要素であるとして「日本語」と言う場合である。そして、今1つは、社会的交通を司っていることば＝発話そのものとして日本語と言う場合である。本章の3-3までの議論で「日本語」（や「英語」）としたのは後者の場合である。そうなると、「日本語で」（あるいはより一般的に「〇〇語で」）と言った場合それは「対話者の間で通じることばで」ということになり、「日本語」（あるいは「〇〇語」）は通じることばそのものと重なる。つまり、〈わかりにくい〉日本語や〈わからない〉日本語というのは論理矛盾で、そのようなものは存在しないことになる。日本語話者同士の社会的交通で相手に〈わからない〉ことばを行使したら、「えっ、それ、日本語？」となる。そのような意味で言うと、接触場面社会的交通に従事している第二言語話者のことばは、社会的交通を順当に運営できている間は日本語だが、順当に運営できなくなった瞬間に日本語ではなくなってしまう。

　端的に言って、接触場面社会的交通において第二言語話者の日本語が〈わかりにくい〉日本語となっている場合、それはその部分のことばがその人において**未成熟**だということである。しかし、本来、社会的交通において取り交わされることばは対話者が共有する共通の領域（3-3-1）であり、共同的に現実を経験するための枢要な手がかり（5-1-3）である。接触場面において社会的交通に従事するというのは、対話の両者において**その部分が揺らぐ特殊な種類の社会的交通従事**である。そして、接触場面社会的交通における第二

7　難解な話は難解な話として順当に運営されていることになる。

言語話者のことばの〈わかりにくい〉や〈わからない〉は、そうした**本来両者が共有するはずの共通の領域の揺らぎ**なのである。

3-4　身近な社会的状況と広い社会的な環境

　前項の冒頭で述べたように、Hは研究者からの指示の趣旨をよく理解して期待された言語的な振る舞いをしている。だが、このセッションの社会的交通はそうした指示の下にのみ構成されているわけではない。

　本章の冒頭で述べたように、HとKとFは初対面ではなく気楽に話せる関係にあるが、個人的に話をするのはこのセッションが初めてであった。より具体的に言うと、Hは協定大学からKの大学に短期留学してきた学生であり、HはKが担当する中級日本語の授業を受講している。つまり、HとKは学生と先生の関係にある。Fはその日本語授業のティーチング・アシスタントである。HとKとFは週に3回の授業で定期的に会っている。クラス・サイズは12人で、ひじょうに和やかなクラスであった。セッションが行われたのは、Hが来日して間もなく学期が始まり日本語の授業が始まって約1か月経ってからである。もちろん、このセッションはKからHに依頼したものである。

　セッションでのHのKやFに対する態度は、当然のこととして、このようなHとKとFの関係を反映している。また、Hが実際に選んで話した内容は、「個人的に話をするのはこれが初めて」という現実の脈絡を反映しているものと見られた。

　このようにこのセッションの社会的交通は、指示の下にのみ構成されているのではなく、そのセッションが設定された経緯（KからHへの依頼）やその背景にあるHとKとFの身近な社会的状況（日本語授業の先生と学生とティーチング・アシスタントという関係や約1か月の授業で急速にお互いに身近な存在になったことなど）と広い社会的な環境（Hの大学とKの大学の協定関係や、Hにとっては憧れの日本にようやく来たことや、Hのこれまでの日本や日本語関係の経験など）もあって具体的に構成されているのである。現実の具体的な社会的交通は、決して中空で構成されるのではなく、当事者が認識する具体的な現実の上に構成されるのである（5-1-1）。そうした事情は、母語話者場面であっても接触場面であっても変わりはない。

3-5　社会的交通の現実態の探求

　本節の最後として、改めて第4章と本章のプロトコルの中の外言のやり取りの部分を見てほしい。外言のやり取りをカタカナで表記しているのは、**社会的交通の中の言語的交通の客観性としてあるのは対話者の間での音声のやり取りだけであること**を示している。にもかかわらず、対話の当事者たちはそこで何らかの出来事が起こっていると経験する。対面的な社会的交通に従事する対話者たちは、ことばを交わしながら共同的に時々刻々と社会的な現実を構成するのである（3-2-1 と 3-2-2）。それが社会的交通の経験の現実態である。

　従来の接触場面相互行為研究は、そのような社会的交通の経験されたであろう現実、つまり当事者たちが経験したであろうと研究者が想定した現実から研究を始めた。しかし、そこにはすでに予断が入っていると言わなければならない。本研究では予断が入る以前の物理的な現実からスタートして社会的現実という社会的交通の現実態の立ち現れ方のほうに関心をおいて検討を進めてきた。それは、社会的交通の神秘の森に分け入ってその内実を解明してそこから第二言語の習得と習得支援に関わる何らかの知見を得ようとする方向である。その趣旨を端的に言うと、母語話者場面の場合のようには**テンポよくことばを交わして社会的交通が運営されないそのすき間では言語心理的な作業が精力的に行われているはずで、表面で観察される現象よりもむしろ表面的な現象の背後にある現象こそが重要であると考えているわけである。わたしたちの現実は対話的に生きるわたしたちの相互的な思考や交信にこそあるのである。**

4.　第二言語の習得と習得支援を考える

　本章の最後として、本章の研究から第二言語の習得と習得支援について考えたい。

　第二言語としての日本語教育の目標は、学習者が日本語によってさまざまな言語活動に従事できるように教育・指導することである。それは、抽象的で規範的なラングを習得させることではない。ただし、ラングあるいはその

要素の習得が不要だということではない。

接触場面社会的交通の従事においてもラング的な契機はあるだろう。プロトコル③やプロトコル④でのHの話し方においてはフィラーやポーズの部分で英語のことばが焦点化されそこで行為が滞留して、それに対応する日本語のことばをHはさがそうとしていると見られる。そこでは多かれ少なかれラング的な言語知識が関与しているものと推測される。また、第2章で論じた第一言語の注釈という現象もラング的な知識が関与する言語心理的な現象である(2-2-2)。しかしながら、そうした契機はラング的な知識が定着する契機だと見るのは適当ではないだろう。もしそうなら、われわれは学習者が日本語を自身の声とする契機を永遠に見つけられないだろう。**学習者や第二言語話者が主に目標言語で言語活動に従事しているかぎり、そのような契機はその部分のことばが成熟する機会となっている**と見るべきだろう。そして、そのような契機は、後述するように、第二言語の発達のためにひじょうに重要な契機であると見られるのである。

Widdowsonが言うように話すというのは、単に規則に準じて文を言うことではない(6-2-1)。人間の行動にはすべてその基礎に動機がある。話すことも同様である。SMTアプローチは、各ユニットで自己表現活動に関する特定のテーマを指定することでいわば話すことの動機を制限したスペースを構成し、そうしたテーマ的なスペースで立体的に新しい言語を習得させようとするスキームである。成人第二言語学習者においては、SMTアプローチで扱われる程度のテーマ・スペース(言語心理的な空間)は第一言語をベースとしてあらかじめあると言ってよいだろう。SMTアプローチはそのようなテーマ・スペースを第二言語の習得と習得支援の場に引き出して活用するスキームでもある。

ユニットの授業プラン(6-4-1)の中でナラティブの学習は、当該のテーマで一般的によく現れることばを個々の学習者のテーマ・スペースに編入し散りばめる段階であると言うことができる。そうした上で、学習者はそのテーマについて自身の事情を話すという動機の下にそれらのことばを基本とし他の必要なことばを適宜に補充して、ことばを寄せ集めて自身のために編成するのである。それがエッセイの準備活動やエッセイ作成の活動となる。基礎第二言語学習者におけるそうした活動は、ナラティブ学習という準備的な学

習を行った後であったとしても、ブリコラージュ(bricolage)つまり目標の作品を制作するのに十分な資材はないがあり合わせのものを寄せ集めて器用に作品を作ること、となるだろう。この場合の目標の作品というのはそのテーマについての語りであり、器用仕事の作品とは限られた第二言語のことばによるテーマについての語りである。言うまでもなく、言語的なブリコラージュを開始するためには一定量の言語的リソースがなければならない。マスターテクスト・アプローチでは、各テーマの下に、まず(1)ブリコラージュが始められるところまで言葉遣い(2-2-2)の編入と散りばめを有効に進めること、次に(2)ナラティブのテクストや教師やクラスメートにも介助されながらブリコラージュに実際に従事することでブリコラージュの技量を向上させること、という大きく2つの段階を通してテーマについての言語技量を養成しようとする。そして、すでにご理解のように、ナラティブ学習が(1)の段階にあたり、その次のエッセイの準備活動やエッセイ作成などが(2)の段階となる。

　本章で検討したHによる接触場面社会的交通従事の状況は、そうしたブリコラージュ従事の状況を示している。つまり、いずれの抜粋においても、Hは目標言語である日本語で社会的交通を概ね運営することができている。そして、プロトコル⑥やプロトコル⑧のように相手からのことばの介助を自身の目標言語での話しの脈絡に編入する様相もしばしば見せている。あるいは、別の言い方をすると、抜粋各部のテーマについてこうした様態にまで至らない場合は、日本語でその言語活動を運営できているとは言えなくなるだろう。**こうしたブリコラージュ的な言語活動従事を通してさまざまなことばがその人の新しいことばとして成熟していくのである。**われわれは第二言語の習得ということを検討する際に、こうしたブリコラージュという現象にもっと注目するべきだろう。そして、第二言語教育を考える場合にも、ブリコラージュという現象を習得と習得支援の重要な契機と見て、カリキュラムの企画や授業と指導の実践を行わなければならない。

　第二言語話者によるこのようなブリコラージュ的な言語活動従事の状況

は、ヴィゴツキーの**最近接発達の領域**(zone of proximal development)[8]のアイデアを彷彿させる。最近接発達の領域に関してヴィゴツキーはまず、**模倣**は純粋に機械的な活動で誰にでもできることだと考えられているがその見解は根本的に間違っていると指摘する(ヴィゴツキー, 1934/2001, p. 299)。その上で、以下のように論じている。

> 模倣するためには、私ができることから私ができないことへの移行のなんらかの可能性をもたねばならない。…われわれは、こどもは共同のなかでつねに自分一人でやるよりも多くのことをすることができるということを述べた。だが、われわれはつぎのことをつけ足さねばならない。無限に多くのことではなく、かれの発達状態、かれの知的能力により厳密に決定される一定の範囲のみということを。共同のなかでは、子どもは自分一人でする作業のときよりも強力になり、有能になる。かれは、自分が解く知的難問の水準を高く引き上げる。しかし、つねに独力の作業と共同の作業とにおけるかれの知能の相違を決定する一定の厳密に法則的な距離が存在する。(ヴィゴツキー, 1934/2001, pp. 299-300、傍点は筆者)

ここでヴィゴツキーは3つのポイントを述べている。

(1) 子どもは模倣を通して知的発達を遂げると見ることができるが、模倣に関連して知的発達を説明するためには、できることからできないことへの移行の可能性が説明されなければならない。
(2) 子どもは何でも共同の中で模倣できるわけではない。その子どもの現在の発達状態や知的能力によって決定される一定の範囲のことのみ模倣できる。
(3) 模倣を通した知的発達が可能となる独力の作業と共同の作業における子どもの知能の相違には、一定の厳密に法則的な距離が存在する。こ

---

[8] この用語の翻訳について中村(2004)は、それは「次に続く発達の領域」というような意味なので、より一般に使用されている「発達の最近接領域」よりも「最近接発達の領域」のほうがふさわしいと論じている。筆者も中村の見解に賛同するので、本書では「最近接発達の領域」とした。

の距離を超えては子どもは模倣をすることができず、ゆえに、模倣を通した知的発達もできない。

この(3)で言及されている「法則的な距離」のことをヴィゴツキーは最近接発達の領域と呼んでいるのである。ヴィゴツキーは続ける。

> 学校における教授は、ほとんどが模倣に基づく。まさに学校において子どもは、自分が一人でできることではなく、自分がまだできないこと、しかし教師の協力や教師の指導のもとでは可能なことを学ぶのである。…しかし、子どもの教授は、子どもがすでに学習できることについてのみ可能である。…教授の可能性は、子どもの発達の最近接領域によって決定される。(ヴィゴツキー、1934/2001, p. 302)

そうしたゾーンを構成すること、そしてそのゾーンで**巧みな介助のある活動従事**(assisted performance、Tharp and Gallimore, 1988) を子どもに行わせることにおいて教授は有効な教授になることができるのである。第二言語の習得におけるブリコラージュ的な言語活動従事の状況は、ヴィゴツキーの最近接発達の領域になぞらえて**第二言語の最近接発達の領域**(zone of proximal second language development)と呼んでいいだろう。それは、**巧みな介助のある言語活動従事を通して未成熟なあれこれのことばが成熟していくゾーン**である[9]。カリキュラムと授業のプランは教師がそのようなゾーンを構成で

---

[9] 第二言語習得の契機を第二言語の最近接発達の領域としてヴィゴツキーの最近接発達の領域になぞらえたが、両者の発達の内容、つまり子どもにおける認知的な発達と成人における第二言語の発達は本質的に異なるだろう (茂呂他、2012, pp. 216-217)。Bruner は子どもの精神発達における周りの大人からのスキャフォールディング (scaffolding、足場架け) を意識の貸与 (loan of consciousness) と呼んでいる (Bruner, 1986, p. 132、邦訳 p. 212)。それに対し、成人の第二言語発達におけるスキャフォールディングは、意識が含まれているとは言え、ことばの貸与である。その一方で、発達の近接性に関連して両者の間にはもう一つの類似性がある。すなわち、学校での教授に関してヴィゴツキーが言うように、子どもは真空の中で学ぶのではなくすでに発達させている生活的概念を基盤としてその上に教師の介助を得ながら新しい精神の領域である科学的概念を発達させていく。成人における第二言語習得も、すでに発達させている思考と言語を基盤として、その上で始めはその思考と言語に依拠しながらそして徐々にそこから独立して第二の思考とことばを発達させていくという経路を描くことができる。このようにすでにあるものを基盤として新しい種類のものを発達させるという類似性が両者にはある。こうした点は理論的なテーマでありつつ、実践に携わる教師も一定の認識をもっていてよいだろう。

きるように立案されなければならない。そして、授業を実践する教師は、学習活動の重要な部分としてそのようなゾーンを構成して、言語活動従事のただ中で巧みな介助を提供して学習者における未成熟のことばの成熟を促すように指導しなければならない。そうすることで、第二言語教育の授業は、**第二言語発達のアリーナ**となり、**第二言語発達の培養器**となるのである。

エピローグ

　本書では、バフチンの対話原理について、そして対話原理に基づく第二言語のカリキュラムと教材と指導手順の企画と開発などについて論じてきました。その議論は必然的に、理論を解釈し整理して、そこから教育方法の原理やカリキュラムや教材の企画などを演繹するようなものとなりました。このエピローグでは、そうしたカリキュラムや教材等の企画や開発に対して、実際の教育実践ということについて筆者が感じていることを比較的自由に述べたいと思います。
　筆者は、バフチン研究やその応用としての第二言語教育の開発、具体的には日本語教育のカリキュラムや教材の企画や開発をしているわけですが、企画・開発した教育の実際の実践にも同僚教師とチームとなって携わっています。筆者にとって日本語教育の企画・開発・実践の営みはすべて、学習者一人ひとりに首尾よく所期の目標（Widdowson の言うねらい、6-2-1）を達成させるためです。本書で論じた基礎日本語教育の企画と開発もそうした営みの一部です。その基礎日本語教育について言うと、企画されたカリキュラムの目標は CEFR の記述の A2 の内容（2-4-2）と関連の書記言語能力となります（西口, 2012d）。また、具体的な教育内容は巻末の資料 1 の通りです。さらに、ナラティブ学習のスキーム（第 6 章の第 3 節）やユニットの授業プラン（第 6 章の第 4 節）なども授業担当教師の間で共有されています。全ユニットの PPT カミシバイも用意されています。そして、具体的なスケジュールが当該コースの学習者の学習状況や学習者要因などを配慮して作成され、教育が実施されます。しかし、このような態勢で実践に臨んでいるにもかかわらず、実際の教育実践あるいは大本の学習者における日本語習得は、あるコースでは首尾よく進行し、あるコースでは必ずしも首尾よく進行しないのです。ちなみにここに言う「首尾よく」というのは、授業の各段階で実施される所定のさまざまな活動におけるパフォーマンスがコーディネータや授業教

師が期待する水準に概ね達していると見なせるという形成的な評価に基づくものです。同じカリキュラムを採用し同じ教材を活用して教育を行っているのに、それが首尾よく行ったり行かなかったりするというのはどういうことでしょう。それは端的に具体的な実践に違いがあるからでしょう。以下、実際の教育実践の創造に関わる要因を探ってみましょう。

　具体的な教育実践は、否応なく生身の教師によって担われます。カリキュラムは教育実践の「青写真」であり、教材や教具は利用可能なものとして提供されている資材に過ぎません。実際の教育・指導に携わる教師は、自身の第二言語教育者としての経験と第二言語の学習者あるいは習得者としての経験及び一人の言語活動者としての感覚を総動員してその「青写真」と対話して教育実践に臨む自身の立ち位置を定めます。新たに開発された革新的なアプローチに基づくカリキュラムの場合は「青写真」の背後にある言語観や言語習得観と自身のそれらとの間での深い対話が必要になることもあります。本書はそのような際の資料を提供しているということになります。本書で紹介した自己表現活動中心の基礎日本語教育の場合では、筆者がこれまでいろいろな教師を観察したり直接話を聞いたりしたところでは、必ずしも背後にある言語観や言語習得観を詳しく理解する必要はないようです。上に言及した教育者としての経験や学習者あるいは習得者としての経験や言語活動者としての経験に基づいたある種の勘や志向性をもっている教師は即座に同教育の趣旨を理解し「青写真」を歓迎して受け入れます。それに対し、言語事項中心の綜合的アプローチ(2-3-2)に基づいて長く教育実践をしていてそうしたアプローチを「信奉」している教師は、その「青写真」を見て大いに戸惑うようです。端的に「何(言語事項)を教えるのかこのカリキュラム・教材ではわからない！」となるわけです。そして、仮に本書を手にして読んだとしても、人によっては、長年培った物の見方や第二言語教育の方法についての信念を見直すのにひじょうに時間がかかるようです。考えてみると、綜合的アプローチを「信奉」している教師はそもそも本書で提案しているカリキュラムや教材を採用しないでしょう。そして、厄介な問題が発生するのは、このカリキュラムや教材を採用したコースの授業を言語事項中心の綜合的アプローチを「信奉」している教師が担当する場合です。この場合はアプローチの相違が課題になります。ですので、アプローチに関して第二言語教育の専

門家としてコーディネータや教師間で真剣な議論が行われなければなりません。そして、そのような議論の際に本書を参考にしていただくのもよいのですが、むしろ、一人の言語活動者や第二言語話者として言語活動に従事しているときの言語心理過程をよく振り返りつつ、「自分が学習者だったらどのように教えてほしいか」という立場での視点ももちながら第二言語の習得や習得支援について考えるということをしてほしいと思います。それは教師になる過程で教えられたことの学びほぐし(unlearning)ということになるのかもしれません。

　計画された教育プランが期待されたように実現されない場合の第2の要因は、カリキュラムとして提示されているねらいや教育内容が教育・指導を実践する教師に然るべく理解されない場合です。自己表現活動中心の日本語教育のようにテーマ中心のカリキュラムでは「このコースでは何を教えるのか」というふうに即物的につまり言語事項として教育内容を理解しようとするのではなく、当該のカリキュラムでは言語能力をどのように捉え、第二言語教育のカリキュラムとしてどのような目標と内容を設定してどのような知識・能力をどのように養成しようとしているのかというカリキュラムの趣旨を適切に理解することが教師に求められます。カリキュラムの趣旨が教師に適切に共有されていないと、本来期待されている実践は創造されません。また、教師間でカリキュラムの趣旨の理解にギャップがある場合も、教師間で方向の異なる教育・指導が行われて学習者を混乱させ、所期の成果は得にくくなるでしょう。一方で、カリキュラムの趣旨を共有した上で教師間で多少力点の置き方が違った教育・指導や各々の教師の個性が発揮された教育・指導が行われることは、授業に良好な多様性をもたらして教育・指導を豊かにするでしょう。ただし、その場合でも力点の置き方や発揮される個性が偏ったものにならないように、教師間でのコミュニケーションを通した適度な調整は必要です。

　教育プランが所期のように実現されない場合の第3の要因は、これはコーディネータの仕事となりますが、授業内容の調整、より具体的に言うと授業スケジュールの調整です。コーディネータの基本的で最も重要な仕事は、各授業がその時点での学習者に有益に実施されるように授業を調整することです。そのためにコーディネータは学期やコースの開始時に学習者の日本語力

や期間中の学習環境などを考慮してコースのスケジュールを作成するわけですが、コースが始まった後も小テストなどのさまざまな資料や教師からの授業報告や自身の授業での学習者の学習活動従事状況の観察などに基づいて習得の進捗状況を把握して、以降のいずれの授業も学習者の現在の日本語力の水準にちょうどいい活動となるように授業内容やスケジュールを調整しなければなりません。つまり、授業内容が学習者の現在の日本語力の水準を大幅に超えたり逆にすでにできている内容になってしまったりすることなく、日本語習得に資するような活動に学習者が従事できるように調整しなければなりません。そして、必要な場合は、授業担当教師に指導上の留意点を指示したり、スケジュールを変更したり、さらには補助的な授業を設定したりします。端的に、コーディネータから要求されている授業内容が学習者の現在の水準を大幅に超えていると、授業教師は日本語習得を促進するような授業を実践することができません。また、一部の学習者で習得の進捗が遅れている場合にそれへの対応のプランもコーディネータが中心となって立案しなければなりません。具体的な教育実践におけるコーディネータの役割はきわめて重要です。

　第4の要因は、コーディネータを含めた実際の教育実践にあたる教師集団の所期の目標を達成するという意志です。教師集団の中で特にコーディネータはそうした意志を強くもつべきでしょうし、そうした意志の下に上で言ったようなコーディネーションを着実に実行しなければなりません。そうしたコーディネータの強い意志とそれに基づく積極的な働きが教師集団をリードして、学習者を適正な学習経路に導いて充実した教育・指導の実践が協働的に創造されるのです。

　教育・指導という営みは知識の伝達や転移ではないとして、行動主義でもなくそれまでの記憶モデルを中心とした認知主義でもない新たなアプローチでのスクール・ラーニング（school learning、学校での学び）の研究に注目が集まったのは、日本では『現代思想』の特集「教育に何ができるか―状況論的アプローチ」（『現代思想』1991年6月号）以降でしょう。状況的学習を論じたLave and Wenger（1991）の本がスクール・ラーニングの研究に大きなインパクトを与えたことは周知の通りです。端的に言うと、Lave and

Wenger 以降は、スクール・ラーニングへの状況的学習の応用の可能性が追求されてきたと言っていいでしょう。筆者も90年代からそうした第3のアプローチの日本語教育への応用の可能性を追求しているわけですが(西口, 1998)、新たな第3のアプローチでスクール・ラーニングを検討する際には、本書の概観の冒頭でも言及したように、学習内容と学習方法(教師の視点からは、教育内容と教育・指導方法)とはそもそも何なのかという難問にぶつかるとずっと感じていました。そうしたところ、最近になって、同テーマについてスクール・ラーニングの著名な研究者の一人である Brown の次の一節に出会いました。

> 子どもたちが学ぶように要求されているものは一体何なのか、そして子どもたちは実際にどこでどのように学ばされているのかということにますます興味がわいてきた。何を学ぶかというのは、内容、つまりカリキュラムである。あるいは領域と言ってもいいだろう。そして、どこでどのように学ぶかというのは、実際の具体的な状況となり、学習者のコミュニティの育成(Fostering Communities of Learners、筆者注)の場合では、協働的な(学びの)文化となる。(Brown, 1997, p. 399、筆者訳)

筆者が Brown の研究に注目するのは、もちろんそれが優れた研究だからですが、Brown の学習者のコミュニティの育成(Fostering Communities of Learners、以下 FCL とする)というアイデアに強く共感するからです。Brown の論文は学術論文ですので、このテーマについてこれ以上の展開はしていません。しかし、実際の現場の教育実践者でもある筆者には、FCL のアイデアや上の引用部は、教育内容と教育・指導方法という二元論が無効であることを指摘し、カリキュラム・教材開発と教育実践が主と従の関係にあるのではなく一つの教育観に基づく教育という営みの2つの部門であることを宣言していると読めます。カリキュラムの企画や教材の企画・開発から実際の教育・指導の実践までの教育的営みはどれも FCL の実践であり、具体的な教授−学習の場面での教師の言語的な指導や介助や褒めや励ましなどの心理的な支援や学習方法についての直接・間接の指導なども含む FCL の実践はすべて、学習者が所期の目標を達成できるように導き育成することに

照準されています。優れた教育実践では、教育・指導のさまざまな水準でそのような照準化が全体として構造的にうまく行われているのでしょう。第二言語教育について言うと、カリキュラム・教材開発者とコーディネータを含む実践教師はそのように役割分担をしていますが、両者は直観的な理解も含めて言語観と教育観において高度な専門性を有する協働者（collaborator）となります。つまり、第二言語教育者としての高度な専門性ということでは、両者のいずれにおいても各自がもっている言語観や教育観が根本として問われるということです。そのような意味で言うと本書は、高度な専門性を追求して新たな第二言語教育を創造することを希求する真摯な第二言語教育者に向けて、一つの大きな問題提起として書かれていると言えます。

現在、21世紀の教育をどうするかという議論が世界的に行われています（ライチェン＆サガルニク, 2006、グリフィン他, 2014）。そのような中で日本語教育者をはじめとする第二言語教育者が自身を語学教師として矮小化していては時代の要請に応えることはできないでしょう。第二言語教育者は、初等教育、中等教育、高等教育のどの段階においてもそれぞれの教育で重要な一つの教育領域を担う教育者として自身を認識して十全にその役割を果たさなければなりません。そして、他の教育領域の教育者とも連携しながら、21世紀の教育の創造に積極的に貢献していくことが今期待されています。21世紀の教育の内容と方法を論じる際にしばしば引き合いに出されるバフチンを理解しておくことは、21世紀を担う第二言語教育者あるいは第二言語教育学者としてひじょうにふさわしいことだと思います。

補 章

マルクスからヴィゴツキー、そしてバフチンへ
―マルクスの意識論を出発点として―

要 旨

　本稿では引用等を手がかりとし文献を辿って、ヴィゴツキーとバフチンがマルクスから何を引き継ぎそれをどう発展させたかを検討した。その結果、ヴィゴツキーとバフチンは共にマルクスの人間観や意識観から意識の記号による被媒介性という見解を導いていること、そしてヴィゴツキーは一貫して発達研究に関心を寄せていることが明らかになった。それに対し、バフチンは意識の記号による被媒介性の見解をさらに推し進めて、イデオロギーと心理の関係、心理と記号の関係、言語活動における心理過程と記号の間の往還運動、そして対話原理へとさせていることが明らかになった。バフチンのそのような議論は、人と人の接触・交流にこれまでにない新たな視点を提供するものとして、第二言語の習得と教育の研究の立場から大いに注目される。
【キーワード】バフチン、ソシュール、イデオロギー的記号、社会的交通、
　　　　　　言語的交通

はじめに

　ヴィゴツキー（L. S. Vygotsky、1896-1934）は、急速に研究が進展している文化心理学の淵源となる革命的な発達心理学者であり、近年はヴィゴツキーの発想の第二言語習得研究への応用も進んでいる。一方、文学批評と言語哲学の巨人として現れたバフチン（M. M. Bakhtin、1895-1975）の思想は、文学研究にとどまらず人類学や心理学や教育学などにも採り入れられ、最近

では第二言語教育学でもバフチン理論の応用の可能性が検討されている（西口、2013、Hall, 1993; 1995、など）。

　革命後のロシアの知的雰囲気の中で誕生したヴィゴツキーの発達心理学とバフチンの言語哲学はマルクス主義の思想的伝統を引き継いでおり、実際に彼らの著作でマルクスやエンゲルスの思想が言及されたりその著作の一節が引用されたりすることもある。しかしながら、ヴィゴツキーが実際にマルクスから何を引き継いでそれをどのように発展させたのか、またバフチンはどうなのかということについては必ずしも分明でない。本稿では、マルクスの意識論を出発点として、そのようなテーマについて検討したい。第二言語教育学に関心を置く本稿としては、そのような作業を通して、ヴィゴツキーとバフチンのそれぞれの理論が第二言語の習得と教育の研究にどのように関わり得るものであるかを検討することを目的としている。

1　マルクスにおける精神・意識・イデオロギー

1-1　弁証法的唯物論と意識

　マルクスは、『経済学・哲学草稿』（マルクス, 1844/2010、以下『経哲草稿』とする）や『ドイツ・イデオロギー』（マルクス／エンゲルス, 1845-46/2002、以下『ド・イデ』とする）[1]や「フォイエルバッハに関するテーゼ」（マルクス／エンゲルス, 1844-47/2002、以下「テーゼ」とする）などの初期の著作でその独自の人間観や社会観を提示している。意識やイデオロギーについての考え方もそうした著作の中で論じられている。

　『ド・イデ』の序論でマルクスは、動物と区別される人間の存在形態を次のように規定している。

> 　人間史全般の第一の前提は、いうまでもなく、生きた人間諸個人の生存である。これらの諸個人が自らを動物から区別することになる第一の歴史的行為は、彼らが思考するということではなく、彼らが自らの生活手段を生産し始めるということである。第一に確定されるべき構成要因は、それ

---

[1]　ただし、本稿で『ド・イデ』としているのは実際の『ドイツ・イデオロギー』という本の最重要部である第1巻第1編の「フォイエルバッハ」編のみである。

ゆえ、これら諸個人の身体組織と、それによって与えられる身体以外の自然に対する関係である。…人間は、意識によって、宗教によって、その他お望みのものによって、動物から区別されうる。人間自身は、自らの生活手段を生産し始めるや否や、自らを動物から区別し始める。…人間は自らの生活手段を生産することによって、間接的に自らの物質的な生そのものを生産する。(『ド・イデ』pp. 25-26、引用中の強調はすべて原著、以下同様)

　こうした人間の存在規定に基づいてマルクスは、その師フォイエルバッハの唯物論についても、人間活動を対象的活動として見ないことから観念論に陥っていると批判して次のように論じている。

　　彼(フォイエルバッハ、筆者注)は次のことを見ない。つまり、彼をとりまいている感性的世界は、決して、永遠の昔から直接無媒介に存在している、常に自己同一的な事物なのではなく、**産業と社会状態の産物であるということ**、しかも、**感性的世界は歴史的産物であり、活動の成果であるという意味でそうなのだということ**を。(『ド・イデ』p. 44)

　そして、人間の歴史は、そもそもの初めからすでに欲求及び生産の様式によって条件づけられ、人間たちそのものと同時に成立している。そこには、人間相互間の唯物論的な連関が見られ、かつ、それはたえず新しい形態をとり、それゆえに一つの歴史を現わしていると指摘した上で、そうした中で人間は精神が自己を意識として外化するという形で意識を有していると主張する(『ド・イデ』p. 56)。人間の生存形態・生活様式は物質的な生産・生活システムを基盤としながら歴史的に発展し、精神(感性的世界や意識)もそうした生産・生活システムの史的発展とともに(再)構成され発展していくという、精神についての**弁証法的唯物論**である。そして、『ド・イデ』の欄外の書き込みとなるが、意識についてマルクスは以下のような決定的な見解を提示する。

　　私の環境に対する私の関係が私の意識である。(『ド・イデ』p. 58)

そして、意識の対象あるいは内容、さらに人間の存在についてマルクスは次のように言う。

> 意識とは意識された存在以外の何ものでもありえない。そして、人間の存在とは、彼らの現実的な生活過程のことである。…現実に活動している人間たちから出発し、そして彼らの現実的な生活過程から、この生活過程のイデオロギー的な反映や反響の展開も叙述される。人間の頭脳における茫漠とした像ですら、彼らの物質的な、経験的に確定できる、そして物質的な諸前提と結びついている、生活過程の、必然的な昇華物なのである。（『ド・イデ』pp. 30-32）

われわれはいつ如何なる時でも自然的で物理的な特定の位置（私の環境）に置かれている。わたしの意識というのは、そうした位置でわたしと物理的な自然との関係はどうなっているか、わたしと目の前や周りにいる人間との関係はどうなっているか、わたし自身の身体や情動などはどうなっているかについての表象である（『ド・イデ』p. 28）。より端的に言うと、**目標に主導された実践的な対象的活動に従事するわたしを起点としてわたしが視ているわたしを含めた世界＝関係がわたしの意識である**、となる。比喩的に言うならば、意識とは、**実践的な対象的活動のダイナミズムに連動した、実践に従事するわたしにおける感情も含めた心模様のダイナミズムのようなものである**と言ってもよいだろう。

1-2　意識からイデオロギーへ

次に、マルクスは意識の歴史的な発展に目を向ける。

> 意識は、もちろん当初は、単に**最も身近な**感性的環境についての意識であり、自らを意識し始めた個人の外部に存在する他の人物・事物との、**局限された**連関の意識である。…それは単なる群生意識であり、ここで人間が〈羊〉闇羊から区別されるのは、ただ彼の意識が本能の代わりを担っていること、言い換えれば、彼の本能が意識的な本能であるということによってでしかない。（『ド・イデ』pp. 57-58）

ここで言う意識を**原初的意識**と呼んでおこう。マルクスは人間の社会文化史の時計の針をせわしく進めてさらに続ける。

> この閻羊意識ないし部族意識はさらなる発展と成熟を遂げていくが、それをもたらすのは、生産性の向上、欲求の増大、そしてこれら両者の根底をなす人口の増大である。これに伴って…分業が行われるようになる。分業は、物質的労働と精神的労働との分割が現れた瞬間から、初めて現実に分割となる。〈**イデオローグの最初の形態、僧侶が同時に生じる。**〉この瞬間から、意識は、現存する実践の意識とは別の何かであるかのように、何らかの現実的なものを表象しないでも現実的に何かしらを表象しているかのように、思い込むことが現実にできるようになり、— この瞬間から、意識は、自己を世界から解き放って「純粋な」理論、神学、哲学、**道徳**、等の形式へと移ることができるようになっている。(『ド・イデ』pp. 58-60)

このように、**分業以降に新たに現れた、何らかの現実的なものを表象しなくても現実的に何かしらを表象しているかのように思い込むことができるようになった意識**をマルクスは**イデオロギー**と呼んでいる。つまり、先の原初的な意識に対して、物質的な対象的労働つまり作ることや暮らすことの実践から解き放たれた精神あるいは観念的構成体一般のことをイデオロギーと言っているのである。上記引用中の「イデオローグの最初の形態、僧侶が同時に生じる」はその具体例への言及である。後の唯物史観の公式や階級闘争の見解などはすべてこうしたイデオロギーの見方から展開されている。

1-3　意識とことば＝記号

そのような意識やイデオロギーと言語の関係はどのようになっているのか。マルクスは以下のように論じている。

> それ(意識、筆者注)はしかし、もとより「純粋」意識としてではない。「精神」はそもそもの初めから物質に「取り憑かれて」いるという呪いを負っており、ここでは物質は運動する空気層、音、要するに言語という形で表れる。言語は意識と同い年である。— 言語は、実践的な、他の人間た

ちにとっても実存する、**それゆえに私自身にとってもまた実存する**現実的な意識である。そして言語は、意識と同様、他の人間たちとの交通に対する欲求と**必要**から、初めて生じる。(『ド・イデ』pp. 56-57)

　意識と言語は同じ社会文化史という揺りかごで誕生し成長したものであるとの見解である。また、「言語は、実践的な…」の行にはバフチンの対話原理へと発展する対他–対自の関係行為態に即した意識の存在既定が提出されている。バフチンの『マルクス主義と言語哲学』[2]（以下『マル言』とする）の第1部第1章にある以下の一節は、上のようなマルクスの見解を記号論的にパラフレーズした言明であると見ることができる。

　　　イデオロギー現象の現実〔文化〕とは、社会的な記号の客観的現実です。さらにいえば、この現実〔文化〕の法則は、記号によるコミュニケーションの法則でもあります。コミュニケーションの法則は、さらに社会＝経済的な諸法則の総体によって、直接に規定されています。…イデオロギー現象とその法則とは、社会的なコミュニケーションの諸条件・社会的なコミュニケーションの諸形態にしっかりと結びついているものだと考えました。記号の現実の在り方は、この社会的なコミュニケーションによって余すところなく規定されております。なぜなら、記号という存在は、このコミュニケーションが物象化された結果にほかならないからです。(『マル言』pp. 22-23、〔　〕内は訳者の補充)

　マルクスとバフチンの関係については第3章でさらに論じることとして、次章ではマルクスとヴィゴツキーについて論じる。

2　マルクスからヴィゴツキーへ

2-1　ヴィゴツキーによるマルクス主義心理学の構築へ

　2-2から2-4で言及する「意識」と「危機」を収めている『心理学の危

2　邦訳は北岡（1980）と桑野（1989）がある。本稿では、北岡（1980）を参照している。

機』(ヴィゴツキー, 1925-30/1987)という本の序文でレオンチェフは、1917年のソビエト革命後のロシアの心理学界の状況を以下のように書いている。

> この時期(1917年のソビエト革命後、筆者注)、心理学者にとって主要な課題は、革命前に唱道されていた哲学的観念論に依拠する個人意識の内観的心理学にかわる新しい理論を創出することであった。新しい心理学は、弁証法的唯物論と史的唯物論の哲学から出発するものでなければならなかった。つまり、それは、マルクス主義心理学となることが求められていた。(レオンチェフ, 1982/1987, p. 10)

このような時期に彗星のごとく現れたのが若き心理学者ヴィゴツキーである。ヴィゴツキーは1924年の第2回全ロシア心理神経学会に参加しいくつかの発表を行った。ヴィゴツキーの発表「反射学的研究と心理学的研究の方法」は、ソ連邦教育科学アカデミア一般心理学研究所所長のコルニーロフに強い印象を与え、コルニーロフはヴィゴツキーを同研究所で働くように招いた。ヴィゴツキーはこれを受け入れ、モスクワでのヴィゴツキーの活動が始まった。

ヴィゴツキーは、当時の唯物論的潮流が無視するかあるいは注意を向けても古い観念論的心理学との妥協であったりした意識の問題を正面から捉えて心理学の対象としてしっかりと据えることが、マルクス主義心理学建設のために乗り越えなければならない課題であると考えた。当時のヴィゴツキーの洞察をレオンチェフは次のように語っている。

> 意識は、人間の生活活動のすべてにわたって重大な意義を有する心理学的実在と見なされねばならず、具体的に研究され、分析されなければならない。20年代の他の心理学者たちとは違ってヴィゴツキーは、意識の問題のなかに、たんに具体的な研究方法の問題だけでなく、何よりもまず、心理科学の将来の建設の礎石となる、巨大な意義を孕んだ哲学的＝方法論的問題を、見抜くことができたのである。(レオンチェフ, 1982/1987, p. 17)

反射学を主な批判対象としている当時のヴィゴツキーが持っていた見通し

は、多少なりとも複雑な人間の行動を問題とするならばそこに意識の働きを見ないわけにはいかないというものであった。

2-2 意識の捉え方

　この段階でヴィゴツキーは意識をどのように捉えていたのだろう。「行動の心理学の問題としての意識」(ヴィゴツキー, 1925/1987、以下「意識」とする)でヴィゴツキーは、行動とは、反射の相互作用の中で「勝利した反応の体系である」(「意識」p. 73)と主張している。そして、意識のメカニズムについて次のように論じている。

　　もしも同一の反射系ではなくて、さまざまな反射系を考えに入れ、しかもある反射系から他の反射系への中継の可能性を考えに入れるならば、まさにこのメカニズムは、本質的には、客観的な意義における意識のメカニズムそのものなのである。すなわち、自分自身にとって(新たな諸作用にとって)の刺激(自らはたらきかける作用)となるわれわれの身体の能力──これこそ意識の基礎なのである。こうして今や、個々の反射系の間には疑う余地のない相互作用が存在し、一つの反射系が他の反射系のうちに反映するということについて語ることが許されよう。犬は、塩酸にたいして唾液の分泌(反射)をもって反応する。だが、この唾液自体が、嚥下反射や唾を吐き出す反射にとっては、新しい刺激になる。自由連想において、私は《バラ》という刺激語にたいして《スイセン》という単語をあげる。これは反射である。だがそれもまた、次にくる単語─《ストック》にとっては刺激となる。これらはすべて、一つの反射系あるいは近接の協働関係にある反射系の内部のものである。狼の遠吠えは、刺激となって私の身体や表情に恐怖の反射を引き起こす。そして乱れた呼吸、高鳴る動悸、のどの渇きといった諸反応は、「こわい」と声に出して言ったり、頭の中で考えたりすることを私に強いる。ここには、ある反射系から他の反射系への中継が存在する。(「意識」p. 76)

　ヴィゴツキーによると、意識とは**さまざまな反射系の相互作用・反映・相互刺激**である。他の系にたいして刺激として伝達され、他の系のうちに反響

を呼び起こすものは意識的なものである。意識は常にこだまであり応答器官であるとヴィゴツキーは考えていたのである（ヴィゴツキー, 1925/1987, p. 77）。

　意識性及び意識をこのようなものとして理解した上で、ヴィゴツキーは循環反応に注目して、それは1つの反応が他の反応によって制御され調整されるような結合であると指摘し、そのことから、**行動に対する意識の調整的役割**に言及している（「意識」p. 77）。さらに同論文の最後のほうでヴィゴツキーは、反射学の実験における**言葉による条件づけ**（二次的条件反射）に注目して、反射理論の枠組みの中ではありながら、意識についての心理学の可能性を追求しようとしている（「意識」pp. 82-83）。

2-3　人間行動についての歴史的・社会的な理解と能動的適応

　将来に構築すべき意識の心理学の一側面として、ヴィゴツキーはこの時期にすでに人間の行動についての歴史的で社会的な理解の視点を提示している。

> だが、人間については事情は異なる。人間に関しては、そのすべての行動を幾分なりとも完全にとらえるためには、新たな諸項がこの定式に導入されねばならない。ここではなによりもまず、人間は動物に比べてはるかに広い範囲にわたる相続経験を有するという事実が指摘される必要がある。人間は、物理的に相続された経験を利用するだけではない。われわれのすべての生活・労働・行動は、先行世代の経験、父から息子へと生まれながらに伝達されるのではない経験のきわめて広範な利用に立脚しているのである。われわれはこれを、仮に、歴史的経験と呼ぶことにしよう。
>
> 　さらにそれと並んで、人間の行動のきわめて重要な成分となる社会的経験・他の人々の経験が提起されなければならない。私は、私の個人的な経験のなかで自分の無条件反射と環境の個々の要素との間に連結された結合ばかりではなく、他の人々の経験のなかでうち立てられた数多くの結合をも利用している。…われわれはこれを、人間の行動の社会的成分と呼ぶことにしよう。（「意識」pp. 70-71）

　また、それと並行して、動物と比べた場合の人間行動の本質的な新しさと

して環境を自分に適応させるという能動的な適応の見解も述べている。ヴィゴツキーは当該論文の扉でも以下と同じマルクスのクモの巣と人間の織匠や建築師との対比を引用している。

　　最後に、人間の行動にとって本質的に新しいこととして、人間の適応とその適応に結びついた行動とが、動物にはない新しい形態をとるようになることがあげられる。すなわち、動物の場合は、環境にたいする受動的な適応であり、人間の場合は、環境を自分に適応させる能動的な適応である。…自分の巣を編むクモや蜜蝋で巣房をつくるミツバチは、それを、本能にもとづいて、機械的に、いつも同じ仕方で行うのであって、その作業にあたって他の全ての適応反応以上の能動性を示しはしない。織匠や建築師にあっては事情がことなってくる。マルクスの語っているとおり、彼らは、自分の作品を前もって頭のなかで築いている。つまり、労働の過程で造られる成果は、その労働の始まる前にすでに観念的に存在しているのである。このマルクスのまったく争う余地のない説明が示しているのは、人間の労働にとっては経験の倍化が必須のものである、ということ以外の何ものでもない。労働は、労働者が自分の表象のなかでその動作・その素材のモデルにたいしてすでに行ったことを、手の動作や素材の変形という形で繰り返す。そしてまさにこのような経験の倍化こそ、人間に能動的な適応形態の発展を可能ならしめるものであり、動物には存在しないものなのである。
（「意識」p. 71）

このようにこの段階のヴィゴツキーにおいてすでに、**歴史的な視点**と**社会的な視点**、そして環境への**能動的な適応の視点**が提示されているのである。この時期のヴィゴツキーの見解に関して中村は、これら3つの視点が相互に関連づけられて意識論として定式化されていればこの時点でヴィゴツキーの文化-歴史的理論は芽吹いていたであろうが、そこまでは行っていないという意味で、この時点では文化-歴史的理論の芽吹きへの胎動が見られる、と論じている（中村, 1998, p. 36）。

2-4 「危機」(1926-27)におけるヴィゴツキー

上の論文に続いてヴィゴツキーは1926年から1927年にかけて「心理学の危機の歴史的意味」(ヴィゴツキー, 1926-27/1987、以下「危機」とする)を書いている。同書(実際には草稿)でヴィゴツキーは、当時の代表的な心理学諸流派(反射学、ゲシュタルト心理学、精神分析など)の理論を吟味しそれらに徹底した批判を加え、真に科学的な心理学の方法論の確立をめざして考察を進めている。

ヴィゴツキーは弁証法の適用においてそうした科学的心理学確立への可能性を見出している。そして、心理学の弁証法は同時にその対象である人間の弁証法ともなるとヴィゴツキーは見ている。「危機」の冒頭に近い部分でヴィゴツキーは以下のように論じている。

> このように弁証法は、一般心理学の基礎としての認識論的批判と形式論理学に対立させられなくてはならない。弁証法は「あらゆる運動のもっとも一般的な諸法則に関する科学と解されている。このことのなかに、弁証法の諸法則は自然並びに人間の歴史における運動にたいしても、思考の運動にたいしても、同じように妥当性をもたなければならないということが含まれている」(『自然の弁証法』p. 572、筆者注)。このことは心理学の弁証法が…運動のもっとも一般的な形式についての(行動およびこの運動の認識の形式における)科学であることを意味している。つまり、自然科学の弁証法は同時に自然の弁証法でもあるように、心理学の弁証法は同時に心理学の対象としての人間の弁証法でもあるのだ。(「危機」pp. 132-133)

そして、同書の主要部で当時の代表的な心理学諸派を綿密に吟味し批判した上で、最後の15章と16章(pp. 238-282)を費やしてヴィゴツキーは、マルクスが経済学において『資本論』で成し遂げたことを範として、われわれ**心理学者も弁証法による心理学**つまり**一般心理学**を構築しなければならないし、そのためには新たな方法論がどうしても必要であると滔々と論じるのである。

> 弁証法は自然、思考、歴史を包摂する。それはもっとも一般的で、極度

に普遍的な科学である。心理学的唯物論の理論、あるいは心理学の弁証法も、私が一般心理学と呼ぶものである。そうした媒介的な理論—方法論、一般科学—をつくり出していくためには、その分野の現象の本質およびそれらの変化の法則を解明し、質的・量的な特性、それらの因果性を明らかにしなければならず、それらに固有のカテゴリーや概念をつくり出さなければならない。一言でいえば、それぞれの『資本論』をつくり出さなくてはならない。…心理学には自分の『資本論』—階級・土台・価値などのような自分の概念が必要である。それらによって心理学は自分の客体を表現し、記述し、仮定することができる…。(「危機」pp. 260-261)

さらに、ヴィゴツキーは15章の冒頭近くで、有名な「細胞」の一節を書いている。

マルクスはブルジョア社会の「細胞」—商品価値の形態—を分析して、発達した身体のほうが細胞よりも研究しやすいことを示している。彼は細胞のなかに全機構、全経済構成体の構造を読みとったのである。…心理学の細胞——一つの反応のメカニズム——を看破する者がいたら、彼はあらゆる心理学の鍵を手にすることになろう。(「危機」p. 244)

では、心理学における「細胞」は何か。「危機」の中ではそれは「一つの反応のメカニズム」として言及されているだけである。人間に固有のそうした反応のメカニズムが具体的に取り出され明らかにされるのは、本書のすぐ後に書かれた「子どもの文化的発達の問題」(ヴィゴツキー, 1928/2008)においてである。そのような意味で言うとこの一節は、心理学の「細胞」を自分が必ず見つけるというヴィゴツキーの力強い宣言だと見ることができる。

2-5　ケーラーの研究と『人間行動の発達過程』(1930)

「危機」に続いて、ヴィゴツキーは、ケーラーによるチンパンジーの研究でのデータに大きく依拠して『人間行動の発達過程—猿・原始人・子ども—』(ヴィゴツキーとルリア, 1930/1987、以下『人間行動』とする)を書いている。ヴィゴツキーがケーラーの研究に注目したのは、ヴィゴツキー自

身の心理学理論の構築に際してその基盤としているマルクス＝エンゲルスの史的唯物論をケーラーの研究が行動発達の領域において実証するものだったからである（中村，1998，pp. 75-76）。ケーラーの研究でヴィゴツキーがとりわけ注目したのは、人間に固有の心理的なもの（理性）の起源を動物との連続性と非連続性の統一において捉えることを可能にした（中村，1998，p. 76）点であった。ヴィゴツキーはマルクスを引きながら次のように論じている。

> マルクスは労働過程の本質を次のように見なしている。つまり「自然そのものによって与えられた対象は、その活動（人間の）の器官となり、このように聖書に反してその器官の自然的な程度を延ばしながら、自身の身体の器官へそれを取り込むようになる」（マルクス / エンゲルス，1890/1965, p. 235，筆者注）。それ故、人間の発達は、適応の基本的形態へ移行するように、人間の労働への移行の瞬間から、すでにその人工的器官の改良となり、「聖書に反して」、つまり自然的器官の改良に沿うのではなく、人工的道具の改良に沿って動くのである。これと同様に人間の心理発達の領域においても、人間が行動の固有な過程を獲得することを可能ならしめる記号の発明と使用の瞬間から、行動の発達の歴史は著しくこれらの人工的な《行動の手段》の発達の歴史へとそして人間が自分の固有な行動によって獲得する歴史へと変わっていく。…このようにわれわれは、人間の生物学的適応の発達の領域におけると同様に、人間の心理発達の領域において道具の使用の導入の瞬間から急変が起こると考えている。（『人間行動』pp. 54-55）

以上のような胎動期と萌芽期を経て、文化的発達、道具的方法、心理の記号による被媒介性、外部から内部への転回などの独自のカテゴリーと概念を持った文化-歴史的理論がわずか10年弱の間に姿を整えていくのである。そのようなヴィゴツキー心理学の到達点として現在われわれは、『文化的-歴史的精神発達の理論』（ヴィゴツキー，1930-31/2005）や『思考と言語』（ヴィゴツキー，1934/2001）などを手にすることができるのである。

2-6　マルクスとヴィゴツキー

本節では、マルクスとヴィゴツキーの関係について検討する。ここに言う

マルクスには、広義にエンゲルスも含めることとする。

　端的に言うと、上で検討した初期のヴィゴツキーにおいてはマルクス主義や弁証法などの言葉は頻繁に出てくるのであるが、具体的なマルクスへの言及や引用は実際にはひじょうに限定されている。限定されているというよりも、実際には1点だけではないかと思われる。それは、上の引用に見られるように、またヤロシェーフスキー（1992/1994）が指摘しているように「マルクス主義の定式―人間は自然を変えることによって自分自身も変わる」だけではないかと思われる。ほぼ同時期に書かれた実践的性格を有する『教育心理学講義』（ヴィゴツキー, 1926/2005）でもほぼ事情は同様である。ヤロシェーフスキーの指摘を以下に引用する。

> ヴィゴーツキーはマルクス主義の定式―人間は自然を変えることによって自分自身も変わる―に特に共鳴した。定式にはフィードバックの原理（行為の結果が、行為をおこなう主体に対し「逆の」因果的影響を与える）が据えられていた。…マルクス主義は、個人とその行為の間の媒介物として労働の道具を導入することで、フィードバックの原理に新しい内容を与えたのである。マルクス主義の中で汲み取られたこの思想は、ヴィゴーツキーの最初の学問的プログラムに研究上の刺激を与えた。この思想に基づいて、心理的道具―それにより人間が他人とコミュニケーションしながら自分自身の心理的組織を変える記号―についての仮説が立てられたのである。（ヤロシェーフスキー, 1992/1994, p. 45）

そして、実際の引用や言及も上の定式に関連する『資本論』第1巻からのものと『自然の弁証法』（エンゲルス, 1873-83/1968、以下『弁証法』とする）からのものに限られる。『人間行動』で比較的じっくりと検討されている「猿が人間化するにあたっての労働の役割」（『弁証法』の中の一節）もその一例である。この時期のヴィゴツキーの意識に関する議論では、その内容から推して本稿の第1章で論じたようなマルクスの意識論への言及があってもよさそうなものなのだが、それが見あたらないのである。

　ヴィゴツキーの著作で『ド・イデ』や「テーゼ」などへの言及が見られるのは、ヴィゴツキーの主要な著作を見た範囲では、1929年に書かれたと言

われている「人間の具体的心理学」（ヴィゴツキー, 1929/2008、以下「具体的心理学」とする）においてである。具体的な言及と該当すると思われる出典を見てみよう[3]。「具体的心理学」についてのページは、前が所収の本のページで、後ろが同論考単独で数えた場合のページである。

□ 言及1
 (1) 物事に対する一般的弁証法的接近—この意味においては、すべての者が自己の歴史をもつ。この意味においてマルクスは言う：ただ一つの科学は、歴史である。自然科学は自然の歴史、自然史。
 (2) <u>本来の意味の歴史は、人間の歴史。</u>（「具体的心理学」p. 238/p. 1）
 　出典：われわれはただ一つの学、歴史の学しか知らない。歴史は二つの側面から考察されることができ、自然の歴史と人間の歴史とに区分されることができる。しかし両側面を切り離すことはできない。人間が生存する限り、自然の歴史と人間の歴史は、相互に条件づけあうのである。（『ド・イデ』p. 24）

□ 言及2
 　人間の心理学は、ホモ・ファーベル（働く人）を扱う。（「具体的心理学」p. 239/p. 2）
 　出典：本稿1-1の最後の引用

□ 言及3
 　マルクス参照：ペテロとパウロ。他人を通してわれわれは自分となる。文化的発達過程の本質は、純粋論理形式においてまさにその点にある。（「具体的心理学」p. 240/p. 3）
 　出典：人間は最初まず、他の人間のなかに自分を映してみるのである。人間ペテロは、かれと同等なものとしての人間パウロに関係することによって、はじめて、人間としての自分自身に関係するのである。しかし、それとともに、またペテロにとっては、パウロ全体が、そのパウロ的な肉体のままで、人間という種族の現象形態として認められるの

3　典拠については同論考邦訳の末尾に記されている訳者による注を参考にした。ちなみに、『ド・イデ』については、初めて活字になったのは1926年にモスクワのマルクス・エンゲルス研究所が発行する機関誌にドイツ語で掲載されたもの（一般にリザヤノフ版と呼ばれる）で（小林, 2002）、ヴィゴツキーはそれを参照したものと考えられる。「テーゼ」のほうは1888年に出版された『フォイエルバッハ論』（エンゲルス, 1888/1960）に付録として収められている。

である。(マルクス/エンゲルス, 1890/1965, pp. 71-72)

- ☐ 言及4

    マルクス：階級について。人格は、自分の内にあるもの(即自)が、つまり以前自分の内にあったもの(即自)が、他人のためのもの(対他)になることを通して、自分のためのもの(対自)になる。(「具体的心理学」p. 240/p. 3)

    出典：自然の人間的本質は社会的な人間によって初めて自覚される。というのも、社会的な人間によって初めて、自然の人間的本質が人間をつなぐ絆として、自分と他人のたがいに出会う場として、また、人間の現実に生きる場として自覚されるからだし、みずからの人間的な生活の基礎として自覚されるからだ。(『経哲草稿』p. 148)

- ☐ 言及5

    マルクスのパラフレーズ：人間の心理学的本性は、<u>心内化され、人格の機能となり、その構造の形態となった</u>社会的諸関係の総体である。(「具体的心理学」p. 243/p. 6)

- ☐ 言及6

    われわれにとっては、社会的人格＝個人に体現された社会的諸関係の総体(社会的構造に基づいて構築される心理的諸機能)(「具体的心理学」pp. 249-250/pp. 12-13)

- ☐ 言及7

    …人格＝社会的諸関係の総体…

    概要：人格は、社会的諸関係の総体である。(「具体的心理学」p. 252/p. 15)

    出典：人間の本質とは、個々の個人の内部に宿る抽象物なのではない。それは、その現実の在り方においては、社会的諸関係の総体なのである。(フォイエルバッハの第6テーゼ、「テーゼ」p. 237)

- ☐ 言及8

    電話交換手(人格)の真の歴史は、ペテロとパウロの歴史である(マルクス：言語と意識について)―(人々の間の)社会的関係の心理的なもの(人間のうち)への転移。未開人や子どもにおける<u>名前の役割</u>。(「具体的心理学」p. 249/p. 12)

    出典：本稿1-3の最初の引用

しかしながら、ヤロシェーフスキー(1992/1994, p. 45)が指摘しているように、同稿の主旨は社会的相互志向によってのみ個人は人間化するというマルクスの主張にあるのではなく、むしろ人格のダイナミクスに基づくドラマ的な具体的心理学の構想にあると言わなければならない。

3　マルクスとバフチン

3-1　マルクスとバフチンの連続性

　1929年に書かれた『マル言』の冒頭でバフチンは「言語哲学の諸問題は、今日、マルクス主義にとって最も緊急で最も重要な問題となっております。なぜなら、マルクス主義の方法は、学問的作業の最も重要な領域のすべてにおいて、他ならぬこれら言語哲学の諸問題と深く関わっているからです。これらの問題を独立した問題として検討し、独自に解決することなしには、今後の生産的な前進も期待しえないからです」(『マル言』p. 10)と同書の問題意識を述べている。そして、同書の主要部分である第1部と第2部の議論はすべて、本稿の1-3でそのスタート地点を示したように、実質的に、マルクスが『ド・イデ』や「テーゼ」で展開した意識論を敷衍したものとなっている。バフチンが『マル言』で全面的に展開した言語(記号)と心理とイデオロギーとコミュニケーションの理論は、マルクスの意識論と緊密な連続性があると見られるのである。

　しかしながら、『マル言』でバフチンは、『ド・イデ』や「テーゼ」に全く言及していないのである。1960年前後に書かれた「テキストの問題」では言及(バフチン, 1959-61/1988, p. 238)がある『ド・イデ』に関しては、1926年にモスクワのマルクス・エンゲルス研究所の機関誌にドイツ語で掲載されてはいるが、『マル言』執筆の時点ではバフチンは手にしていない可能性が高いと見られる。「テーゼ」については、1927年に書かれた『フロイト主義』で引用されている(バフチン, 1927/1979, pp. 26-27)ので、『マル言』では単に言及も引用もしていないということになる。桑野が指摘しているように(桑野, 2002, p. 71)、バフチンはマルクスの思想を出発点として独自のマルクス主義的な記号学を築こうとしたということであろうと思われる。

3-2　イデオロギーと心理と記号

　マルクスとバフチンの連続性を検証するという趣旨で、本節ではイデオロギーと心理と記号についてのバフチンの議論を見てみたい。

　本稿の第1節の議論では、人間集団つまり社会の側にある意識についての議論と個人に生じる意識についての議論が混淆している感があった。これに対し、バフチンは、社会の側にある意識一般をイデオロギーと呼び、個人に生じる意識を主観的心理[4]と呼んで、両者を一旦分明に区別している。そして、そのような社会的なイデオロギーの現実と個人の主観的心理の関係について以下のように論じている。

　　　イデオロギー的現実〔文化〕は、経済的下部構造のうえに直接構築されている上部構造ですが、個人の意識は、このイデオロギーという上部構造を構築する建築家ではなく、イデオロギー記号という社会的建造物を栖とする、その住人にすぎません。(『マル言』p. 22)

ここでは、**個人の心理に対するイデオロギーの先行性**が明確に主張されている。

　また、バフチンは、マルクス主義の哲学に基づく客観的心理学のあり方について論じている章で、主観的心理について、その現実はまさに記号の現実であると主張している。

　　　心理の内容を根底から決定している過程は、生体の内部で生起する過程ではなく、個々の生体がそれに関与するとはいえ、生体の外部で生起するような過程です。人間の主観的な心理は、自然科学的な分析によって物や自然の過程と同じように扱いうる対象ではなく、**イデオロギーとして了解されねばならない対象**であり、**了解を必要とする社会的＝イデオロギー的な解釈の対象**です。**内的心理の現実とは、まさしく記号の現実です**。記号という実体をのぞいては、心理はありません。(『マル言』pp. 52-53)

---

[4]　『マル言』では、内的心理(inner psyche)、内的経験(inner experience)、心的経験(psychic experience)、心理(psyche)という言葉を、観点による若干のニュアンスの違いはあるものの、ほぼ同じものを指すものとして使用している。

そして、その主張をさらに次のように展開している。

> 確かに記号という実体をのぞいても、生理的な過程、神経組織の過程はあります。しかし、人間存在の特性としての主観的心理はありえません。これは、生体のうちで営まれる生理的な過程とも、生体を取りまき、心理がそれに反応し、なんらかの仕方でそれを反映する外部の現実とも、根本的に違うものです。主観的心理は、その存在の場を、いわば、生体と外部世界とのはざまのごとき場所、この2つの現実領域の境界線上にもつものです。その境界線上で、生体と外部世界とが出会うわけです。が、それは、決して物理的な出会いではありません。生体と外部世界とは、この境界領域で記号を介して出会うのです。心的経験なるものは、生体と外部世界との接触の、記号による表現にほかなりません。(『マル言』pp. 53-54)

このように、バフチンは、**主観的心理を記号という第三項を介した弁証法の結節点として把握している**。バフチンは、心理の内容を決定する過程は「生体の外部で生起するような過程」と言っているが、この「生体の外部」とは記号の領域のことである。つまり、「生体のうちで営まれる生理的な過程」を自然的な内部とするならば、記号の領域は、外部世界とそうした生理的な過程の境界領域あるいは結節点にあるということで、やはり生体の内部で起こる過程ではあるが、自然的な内部(生理的な過程)ではなく、その外部で生起する過程であると言っているのである。そして、この把捉の仕方は**高次精神機能についてのヴィゴツキーの三角形による定式化**(図1)とぴったり符合する。

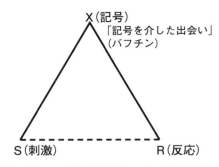

図1　ヴィゴツキーの三角形（Vygotsky, 1930-35/1978, p. 40）

　すなわち、バフチンもヴィゴツキーも、主観的心理とは外部世界と交わりながら活動する人間において記号により媒介されることによって実存するようになる現実であるという**精神の記号による被媒介性**の見解を提示しているのである。

　イデオロギーに関して別の面を見てみよう。1-2で見たように、マルクスは、物質的な対象的労働つまり作ることや暮らすことの実践から解き放たれた精神あるいは観念的構成体一般のことをイデオロギーと呼んでいる。バフチンも同様のものをイデオロギーと言っているが、バフチンはさらにそれを**真のイデオロギー**と呼び、その他に日常的な生活の運営に関与している観念的なものを**日常イデオロギー**と呼んでいる。バフチンは、『マル言』の翌年に出版された「芸術のことばの文体論」で**日常（生活的）イデオロギーの高次の層**というものを付け加えて、社会学的なイデオロギー的コミュニケーション論をさらに展開している（バフチン, 1930/2002, pp. 130-131）。バフチンの日常イデオロギーと真のイデオロギーの対比は、マルクスにおける原初的意識とイデオロギーの対比に、そして個体発生でヴィゴツキーが言う生活的概念と科学的概念の対比に概略的に対応させることができるだろう。

　一方で、バフチンはイデオロギーと心理の関係についても議論している。やや長くなるが引用する。

　　　心的過程はイデオロギー〔記号〕に充たされることによって生きております。それと同時に、イデオロギー記号も、心理内に移入され、そこで経験

されることによって**生きております**。心的経験とは、いずれ外的なものとなる内的なものです。イデオロギー記号とは、いずれ内的なものになる、外的なものです。生体内部の心理は、その固有の領域を超え出るものです。なぜなら、それは、個体としての生体の内部に入りこんだ社会的なものだからです。他方、イデオロギー的なものも全て、社会＝経済的な領域にありながらも、やはりその本来の領域を超え出るものです。なぜなら、生体の外側にありながらも、イデオロギー記号は、その記号の意味を実現する〔理解され、経験される〕ためには、〔生体内部の〕内的世界に入りこまなければならないものだからです。心理とイデオロギーとの間には、このように絶えざる弁証法的な相互作用〔相互変換〕の関係があります。…〔心理内の〕内的記号は、〔外的な〕イデオロギーになるためには、心理の脈絡（生理的・伝記的な脈絡）の中に埋没した状態から引き出され、単に主観的にすぎぬ経験ではないものにならなければなりません。〔外部の〕イデオロギー記号も、生きた記号としてありつづけ、博物館に収められた不可解な遺物という名誉ある位置に転落しないためには、内面の主観的な記号の流れの中に沈められ、主観の声の響きを持たねばなりません。（『マル言』pp. 83-84）

このようにバフチンにおいては、イデオロギーはいわば社会に属するもので、心理は個人（これも元来社会的なものであるが）に属するものであり、記号はその両者の具象化に関わるものとして両者にまたがりそれゆえ両者の橋渡しをするものとして措定されている。そして、このような定式化はヴィゴツキーの**文化的発達の一般的発生法則**（ヴィゴツキー、1930-31/2005, p. 182）に繋がると見ることができる。

3-3　心的過程と記号の間の往還運動

　上の引用の最初の4文で、バフチンは心的過程と記号について「生きております」というふうに比喩的に論じている。これはどういう意味だろう。

　最初の文は、心理や意識はそれ独自で存在することはできず、記号として具象化されなければならないということであり、第3文は、心における経験というのはいずれ外的なもの（内言あるいは外言のいずれにせよことばとしての具象化）となる（あるいはならざるを得ない）内的なものだということで

ある。では、第2文と第4文はどういう意味だろう。それを理解するために、この2文を結合し、その後ろに上の引用の直前にある一文（下線部）を接続してみよう。

　　　イデオロギー記号も、心理内に移入され、そこで経験されることによって生きております。イデオロギー記号とは、いずれ内的なものになる、外的なものです。<u>内的記号の脈絡のうちに組み入れられない外的記号、つまり理解もされず経験もされえない外的記号は、記号ではなくなり、物理的な物質に転化してしまいます。</u>（『マル言』p. 83 の筆者による再構成）

　こうすると、この部分でバフチンは理解の過程に言及していることがわかる。すなわち、理解されない外的記号＝外言つまり理解者の心理や意識の脈絡の内に編入されない外的記号＝外言は、ことばではなくなり物理的な物質に転化してしまう。それとは逆に、理解される外言は理解者の心理内に移入され、そこで理解者に経験されることによって生きる。つまり、外言とは、いずれ理解者の内的な心理過程の一部となる外的なものである、となる。

　この2つの言語心理過程を綜合すると、一例として対面的な言語活動について言えば、**対面的に取り交わされることば（外言）のやり取りに沿って、このような心的過程と記号の間の往還運動が対話者たちそれぞれにおいて行われていることとなる。**そして、バフチンによると、そうした心理過程はポリフォニックに行われることとなる（西口, 2013, pp. 137-141）。

4　おわりに

　第二言語教育学の主要な関心は、学習者における言語活動従事能力の発達にある。個人における意識の記号による被媒介性という見解においてはヴィゴツキーとバフチンは共通している。しかし、ヴィゴツキーにおいてはそれ以降は明快に発達研究のほうに目を向けることとなる。それに対しバフチンは、イデオロギーと心理の関係(3-2)、心理と記号の関係(3-2)、イデオロギーの層的構造(3-2)、記号を橋渡しとしたイデオロギーと心理の関係(3-2)、言語活動（コミュニケーション）における心的過程と記号の間の往還運

動(3-3)、そしてバフチン言語哲学の真骨頂である対話原理などに議論を発展させている。バフチンのこうした議論は、人と人の接触・交流（バフチンの用語では交通(obschenie)）にこれまでにない新たな視点を提供するものとして、第二言語の習得と教育の研究の立場から大いに注目されるのである。

※本論考の参考文献は本書の参考文献に編入した。

巻末資料

資料1　NEJの教育内容

注1：文型・文法事項の中で△はAdditional Practiceの事項。
注2：◇は活用形と活用表、※は留意点を示す。

タイトル	テーマ	トピック	語彙・表現	文型・文法事項	その他の文法事項と留意点	
Unit 1 Introducing Myself 自己紹介	自己紹介をする	名前、出身(国)、所属、身分	身分、所属、国、数字(100まで)	・〜は、〜です	・質疑応答で「学生ですか」「何年生ですか」「学部は？」「どこから来ましたか」「何さいですか」 ※「〜から来ました」のみ動詞表現。	ひらがな・カタカナ / 日本語の音声 / 入門漢字(50字)
Unit 2 Introducing My Family 家族の紹介	家族を紹介する	家族、仕事、学校、年齢	家族、仕事、各種の学校、外国語、助数詞(人、さい)	・〜は、〜です ・親族呼称 ・人の数え方	・質疑応答で「何人ですか」「何をしていますか」「兄弟はいますか」	
Unit 3 My Favorite Things 好きな物・好きなこと	好きな物、好きなことを言う 好きな食べ物、スポーツ、音楽などを言う	朝ごはん、食べ物、飲み物、スポーツ、音楽	食べ物、飲み物、スポーツ、音楽、動詞(「食べる」、「飲む」など)、余暇の活動、頻度、同伴、数字、円、年、〜のとき	・〜は、〜が好きです／(あまり)好きではありません ・〜ます(嗜好や趣味に関わる動詞表現のみ)	・助詞(も、や) ・助詞的表現(といっしょに) ・質疑応答で「何を」「どんな〜」「どうですか」「何が」「いつ」	
Unit 4 My Everyday Life わたしの一日	毎日の生活について話す	日常生活、朝・夜のこと、自宅で、学校で、仕事のあと	一日の時間帯、食事、日常生活の動詞、場所、活動、交通手段、食事、〜の後、○時○分	・動詞文①(〜ます)	・各種の格助詞(を、に、で、から、まで) ・助詞(か) ・質疑応答で「何時に」「何で」「どこで」「どのくらい」	
Unit 5 Friday Night 金曜日の夜	金曜日の夜の過ごし方について話す	料理、外食、友人との食事、デート(食事)	時と時間に関する表現(「〜曜日」「先週」「今週」など)、外食関係の表現、食べ物、料理、食べ物屋、同伴者	・動詞文②(〜ます／ました) ・形容詞①(「〜い」「〜な」の形と現在と過去)	・質疑応答で「だれといっしょに」「ほかに何を」 ・動詞文(〜ます)と名詞文(〜です)の現在・過去・肯定・否定の形を確認する。 ※「あります」「います」はここでは主要な学習事項とはしない。	
Unit 6 Going Out 外出	友人や家族などとのお出かけについて話す	買い物、衣服、映画、デート(映画)	外出、衣料品、装飾品、日用雑貨、体の状態、「知っています」「知りません」など、位置詞(「中」「前」「横」など)	・〜があります、〜がいます ・〜がありました、〜がいました ・形容詞②(現在・過去・肯定・否定・接続の形)	・格助詞(を<離脱>) ・「〜(し)に行きます」(目的をもった移動) ・質疑応答で「どうでしたか」	

178

	タイトル	テーマ	トピック	語彙・表現	文型・文法事項	その他の文法事項と留意点	
Unit 7	Invitations and Offers 誘う・すすめる・申し出る	人に物をすすめる 軽く誘う 誘う 積極的に誘う 申し出る	パーティーで、マレーシアのこと、紅茶、コーヒー	「どうして」と「なぜ」、「聞こえます」と「見えます」、～から、ここ(指示詞)、いつ、～し	・「～ます」の各種の形を使った表現 ～ますか(すすめる)、～ませんか(誘う)、～ましょうか(軽く誘う)、～ましょうか(積極的に誘う)、～ましょうか(申し出る) ・～より～の方が… (比較)	・指示詞(こ・そ・あ・ど)	入門漢字(50字)
Unit 8	My Family わたしの家族	家族について話す	職業、性格、能力、特技、専攻、好きなこと	何をしているか、容姿や性格、能力や特技	・ています-動詞(「会社を経営しています」など) ・形容詞③(容姿や性格) △～ています 『テレビを見ています』など	◇動詞の種類とて-形 ※Additional Practice (1)の動詞のみ。「会社を経営しています」などの表現は、ています-動詞として教える。	
Unit 9	What I Want to Do わたしのしたいこと	希望や望みを言う 何かをしたことがあるかどうか言う	行きたい場所、旅行、季節、登山、日本の文化、ほしい物	季節、気候、季節の楽しみ、～休み・お正月・クリスマスなど 日本の文化、ポップカルチャー(マンガ、アニメ、相撲、カラオケ)	・～たことがあります／～たことがありません ・～たいです／～たいと思っています	◇た-形 ※本ユニットで学習する動詞のみ	基礎漢字(80字・累計130字)
Unit 10	Rules and Directions きまり	指示や注意を与える するべきこととしてはいけないことを伝える 何かすることを頼む	山登りの注意、服装・持ち物の指示、禁止事項、授業のルール、態度	「着ます」「ぬぎます」「はきます」などの表現、連絡とコミュニケーションに関する表現	・～てください ・～てもいいです／～てはいけません △～てください 『電気をつけてください』など	◇て-形のいろいろな使い方	
Unit 11	Busy Days and Hard Work いそがしい毎日とたいへんな仕事	義務や仕事を言う してはいけないことを言う	日常の雑事、一人暮らし、登録(授業登録)、先生の仕事	家事、手続き関係、先生の仕事	・～なければなりません △～ないでください 『授業は休まないでください』など	◇ない-形	
Unit 12	Things to Notice 気をつけること	望ましい行為を言う	いろいろな用事、忙しい日常、体調管理、日本の気象/気候(冬)、台風	冬に関すること、台風に関すること、気象に関すること、強弱	・～たほうがいいです／～たほうがいいと思います ・～たり～たりします	◇た-形	

注1：◇は活用形を示す。

	タイトル	テーマ	トピック	語彙・表現	文型・文法事項	その他の文法事項	
Unit 13	My Daily Life 毎日の生活	毎日の生活について順序立てて話す	日常生活、放課後、帰宅後、夜のこと	日常生活に関する語彙・表現	・〜たら ・〜てから ・〜とき ・〜ながら	◇て-形 ◇た-形 ◇ます-形 ・〜て ・〜だけ	基礎漢字（170字・累計300字）
Unit 14	My Recreation わたしの楽しみ	趣味、好きなことについて話す	読書、スポーツ、マンガ、音楽、映画、アニメ、山登り、写真	プライベートな時間の過ごし方に関する語彙・表現（e.g. スポーツ、音楽）	・〜(する)こと／〜(する)の	◇辞書形 ・それで	
Unit 15	My Future わたしの将来	将来の希望、やりたいことについて話す	将来のこと、進学、就職、大学院、研究、仕事、結婚、家事・育児	将来に関する語彙・表現（e.g. 専門、進学、就職）	・〜つもりです ・〜と思います／〜んじゃないかと思います／〜かもしれません／〜かどうか（まだ）わかりません／〜か〜か、（まだ）決めていません	◇辞書形（普通形） ◇ない-形（普通形） ・名詞修飾節 ・〜がほしいです ・〜までに ・〜でもいいです ・〜たら ・〜ている間 ・〜後 ・まだ〜ていません ・〜(し)なくてもいいです ・〜(し)ないで、〜	
Unit 16	Abilities and Special Talents できること・できないこと	自分のできることや、食べられるものについて話す	話せる言語、読める言語、書ける言語、好み、料理、食べられるもの、作れる料理	能力と特技に関する語彙・表現（e.g. 外国語、料理）	・可能表現	・形容詞＋と思います ・〜方 ・〜(する)前 ・〜ので ・〜(する)ようになりました ・だから／ですから ・何でも ・自分で	
Unit 17	Gifts プレゼント	あげたり、もらったりしたプレゼントについて話す	誕生日、クリスマス、プレゼント、おこづかい、もらってうれしかったもの	プレゼントになる物の語彙・表現（e.g. お祝いやイベントなどで贈る物）	・授受表現 あげる、もらう、くれる	・どれも	
Unit 18	Support, Assistance, and Kindness 親切・手助け	親切にされたり、助けられたりしたことについて話す	家族や友人の手伝い、見送り、助けてもらったこと、親切にされたこと、教えてもらったこと、留学、海外出張	さまざまな親切に関する語彙・表現（e.g. 留学や出張などの準備、手助け）	・動詞＋授受の表現① 〜てもらう、〜てくれる	・〜(する)ために	

	タイトル	テーマ	トピック	語彙・表現	文型・文法事項	その他の文法事項	
Unit 19	Visits 訪問	人から聞いた話や、自分が見たものについて話す	出張、知らない場所の情報、お見舞い、訪問	さまざまな親切に関する語彙・表現 (e.g.訪問先の様子、看病、手助け)	・動詞＋授受の表現 ②　〜てあげる ・〜そうです (伝聞) ・〜そうです (様態)	〜で (原因・理由) 「…」と言いました 〜てみる 〜という□	基礎漢字（170字・累計300字）
Unit 20	Praises, Scoldings, and Requests I Got from Someone Else ほめられたこと・しかられたこと	ほめられたり、しかられたりした経験について話す	ほめられたこと、しかられたこと、しつけ、依頼、子どもの頃のこと、昔のこと	ほめられる・しかられる内容に関する語彙、頼まれる・誘われることに関する語彙・表現	・受身表現A (他者からの褒めや叱りや言語的な働きかけなどを受ける) ・〜ように言われました	〜ばかり	
Unit 21	Making or Allowing しつけ (1)	兄弟に対する厳しいしつけや、自分に対するしつけへの反抗について話す	しつけ、兄弟の話、させられたこと、させてもらえなかったこと、嫌いな食べ物、親が兄弟にさせたこと・させなかったこと、親が自分にさせようとしたが抵抗したこと	親が子どもに強要・許容することに関する語彙・表現 (e.g. 食事、学校の勉強、遊び、進学)	・使役表現 ・〜(さ)せてくれました ・〜(さ)せようとしました ・〜てほしい	何も	
Unit 22	Someone Forces/Allows Me しつけ (2)	学校で受けた指導や、子どもの頃に親から受けたしつけについて話す	指導、しつけ、勉強、させられたこと、できるようになったこと	子どもが親に強要されることに関する語彙・表現 (e.g. 学校の勉強、家庭学習、食事)	・使役受身表現 ・〜なりました (状態・能力・習慣の変化)	〜のおかげで	
Unit 23	Miserable Experiences ひどい経験	大変な思いをした経験について話す	ひどい経験、残念だったこと、がっかりしたこと、疲れたこと	ひどい経験に関する語彙・表現 (e.g. 災い、被害、旅行でのアクシデント、不運なこと)	・受身表現B (他者からの物理的な行為を受ける) ・〜てしまう ・〜(する)と①(時)	〜ようです 〜(する)ことになりました すると そこ	
Unit 24	Geography, Linguistics, and Climate 言語・地理・気候	自分の国のことについて話す	言語の成り立ち、言語の使用状況、地理、気候	地理・気候・言語的状況に関する語彙・表現	・受身表現C (物が主語の受身) ・〜(する)と②(条件)	〜が(〜で)一番〜 〜ても 〜しか(〜ません)	
Supplementary Unit	Towards the Future 新しい世界	新しい挑戦について話す、過去を振り返りながら話す	サークルの勧誘、山登り、中学・高校の勉強、大学の勉強、大学生活での経験	山登り、勉強の仕方、大学生としての経験についての語彙・表現	・〜(れ)ば ・疑問詞(＋助詞)＋〜(れ)ばいいか	〜てあります 〜ておきます 〜よ 〜すぎる 〜のですかor〜んです 〜なさい 〜ようと思います 〜ようとしても 〜わけではありません 〜始める、〜続ける	

西口 (2012b, pp. 4-7)

資料2　NEJのナラティブの例

Section 1

Personal Narratives

➢ Study and practice saying the text aloud while listening to the audio. Also, practice questioning and answering using the text.

A. 朝ごはん

1 リさん  >>>>>>>>>>>>>>>>>>>>>>>>>>>>>>>>>>>>>>> no.15

を indicates object of the action.
everyday　breakfast　eat
わたしは、毎日、朝ごはんを食べます。
Watashi wa, mainichi, asagohaN o tabemasu.

always　bread
いつもパンを食べます。
Itsumo paN o tabemasu.

が indicates object of preferences（好きです）, skills（できます、上手です）, etc.
like
わたしは、パンが好きです。
Watashi wa, paN ga sukidesu.

usually　toast
ふつうは、トーストを食べます。
Futsuu wa, toosuto o tabemasu.

や is a close equivalent to "or".
sometimes　croissant　bagel
ときどき、クロワッサンやベーグルを食べます。
Tokidoki, kurowassaN ya beeguru o tabemasu.

も is a close equivalent to "also".
sandwich　prepare
ときどき、サンドイッチも、作ります。
Tokidoki, saNdoicchi mo, tsukurimasu.

ham　vegetables　love
ハムと野菜のサンドイッチが大好きです。
Hamu to yasai no saNdoicchi ga daisukidesu.

salad　fruits　a lot
サラダとフルーツも、たくさん食べます。
Sarada to furuutsu mo, takusaN tabemasu.

and　orange juice　drink
そして、いつもオレンジジュースを飲みます。
Soshite, itsumo orenji juusu o nomimasu.

(black) tea　tea with milk
紅茶も、飲みます。ミルクティーが好きです。
Koocha mo, nomimasu.　Mirukuthii ga sukidesu.

西口（2012a,『NEJ vol. 1』p. 32）

参考文献

*出版年が2つ書いてある場合は、前者が原著出版年あるいは執筆年で、後者が翻訳出版年である。「※」印は本稿での略称などの注釈。
*過去の筆者の論文については http://ir.library.osaka-u.ac.jp/dspace/ で公開している。

□ バフチンの著作

ロシア語文献

Волошинов, В. Н.（М. М. Бахтин）. Марксизм и философия языка. Основные проблемы социологического метода в науке о языке. М. Лабиринт. 1993.（Voloshnov, V. N. (Bakhtin, M. M.) Marksizm i filosofiia iazyka: osnovnye problemy sotsiologicheskogo metoda v nauke o iazyka. Moscow: Labirint, 1993.）『マルクス主義と言語哲学』（バフチン/北岡訳(1929/1980)、バフチン/桑野訳(1929/1989)、Vološinov(1929/1973)）のロシア語原著

邦訳

ミハイル・バフチン、佐々木寛訳(1919/1999)「芸術と責任」『ミハイル・バフチン全著作』第1巻 ミハイル・バフチン著、伊東一郎・佐々木寛訳 水声社

ミハイル・バフチン、佐々木寛訳(1920-24/1999)「行為の哲学によせて」『ミハイル・バフチン全著作』第1巻 ミハイル・バフチン著、伊東一郎・佐々木寛訳 水声社 ※『行為』

ミハイル・バフチン(1926/2002)「生活のなかの言葉と詩のなかの言葉」『バフチン言語論入門』ミハイル・バフチン著、桑野隆・小林潔編訳 せりか書房 ※『生活』

ミハイル・バフチン(1926/1979)「生活の言葉と詩の言葉」『フロイト主義』磯谷孝・斎藤俊雄訳(1979)新時代社

ミハイル・バフチン、磯谷孝・斎藤俊雄訳(1927/1979)『フロイト主義』新時代社 ※『フロイト』

ミハイル・バフチン、北岡誠司訳(1929/1980)『言語と文化の記号論―マルクス主義と言語の哲学』新時代社　※『マル言』

ミハイル・バフチン、桑野隆訳(1929/1989)『マルクス主義と言語哲学』未來社

ミハイル・バフチン、桑野隆訳(1929/2013)『ドストエフスキーの創作の問題』平凡社ライブラリー

ミハイル・バフチン、小林潔訳(1930/2002)「芸術のことばの文体論」『バフチン言語論入門』ミハイル・バフチン著、桑野隆・小林潔編訳　せりか書房　※『芸術』

ミハイル・バフチン、伊東一郎訳(1934-35/1996)『小説の言葉』平凡社　※『小説』

ミハイル・バフチン、佐々木寛訳(1952-53/1988)「ことばのジャンル」『ことば　対話　テクスト』ミハイル・バフチン著、新谷敬三郎他訳 新時代社　※『ジャンル』

ミハイル・バフチン、佐々木寛訳(1959-1961/1988)「テキストの問題」『ことば　対話　テクスト』ミハイル・バフチン著、新谷敬三郎他訳 新時代社

ミハイル・バフチン、伊東一郎訳(1961/1988)「ドストエフスキー論の改稿によせて」『ことば　対話　テクスト』ミハイル・バフチン著、新谷敬三郎他訳 新時代社　※『改稿』

ミハイル・バフチン、望月哲男・鈴木淳一訳(1963/1995)『ドストエフスキーの詩学』ちくま学芸文庫　※『ドストエフスキー論』

英訳

Bakhtin, M.（1981）*The Dialogic Imagination*. Holquist, M.（ed.）, Emerson, C. and Holquist, M.（trans.）. Austin Texas: University of Texas Press.　※『小説』所収

Bakhtin, M.（1963/1984）*Problems of Dostoevsky's Poetics*. Minneapolis: University of Minnesota Press.　※『ドストエフスキー論』の英訳

Bakhtin, M.（1986）*Speech Genres and Other Late Essays.* McGee, V. W.（trans.）. Emerson, C. and Holquist, M.（eds.）. Austin, Texas: University of Texas Press.　※『ジャンル』所収

Vološinov, V. N.（1929/1973）*Marxism and the Philosophy of Language.* Matejka, L. and Titunik, R.（trans.）. Cambridge, Mass.: Harvard University Press.　※『マル言』の英訳

☐ その他の参考文献

邦文

有田佳代子(2009)「パーマーのオーラル・メソッド受容についての一考察―「実用」の語学教育をめぐって」『一橋大学留学生センター紀要』 第12号 pp. 27-39.
ドストエフスキー(1866/2008)『罪と罰 1』 亀山郁夫訳、光文社
エンゲルス, F.(1873-83)『自然の弁証法』、大内兵衛・細川嘉六監訳(1964)『マルクス＝エンゲルス全集　第20巻』大月書店所収
パトリック・グリフィン、バリー・マクゴー、エスター・ケア編著、三宅なほみ監訳(2014)『21世紀型スキル―学びと評価の新たなかたち』北大路書房、Griffin, P., McGaw, B. and Care, E. eds. (2011) *Assessment and Teaching of the 21st Century Skills*. Springer.
畑佐一味・畑佐由紀子・百済正和・清水崇文編著(2012)『第二言語習得研究と言語教育』くろしお出版
廣松渉(1990)『今こそマルクスを読み返す』講談社現代新書
神谷栄司(2010)『未完のヴィゴツキー―甦る心理学のスピノザ』三学出版
コシーク, K.、花崎皋平訳(1963/1969)『具体性の弁証法』せりか書房
桑野隆(2002)『バフチン―〈対話〉そして〈解放の笑い〉』岩波書店
桑野隆(2008)「『ともに』『さまざまな』声をだす」『質的心理学研究』 第7号 pp. 6-20.
桑野隆(2011)『バフチン―カーニヴァル・対話・笑い』平凡社新書
ライール, B. (2013)『複合的人間―行為のさまざまな原動力』鈴木智之訳、法政大学出版局
レオンチェフ, A. N. (1982)「序文」、ヴィゴツキー, L. S.、柴田義松他訳(1987)『心理学の危機』(明治図書)所収
カール・マルクス、長谷川宏訳(1844/2010)『経済学・哲学草稿』光文社古典新訳文庫
マルクス／エンゲルス、廣松渉編訳、小林昌人補訳(1845-46/2002)「ドイツ・イデオロギー」新編輯版『ドイツ・イデオロギー』岩波書店　※『ド・イデ』
マルクス／エンゲルス、廣松渉編訳、小林昌人補訳(1844-47/2002)「フォイエルバッハに関するテーゼ」新編輯版『ドイツ・イデオロギー』岩波書店
カール・マルクス、大内兵衛・細川嘉六監訳(1859/1964)『経済学批判』Marx-Lenin主義研究所編、大内兵衛・細川嘉六監訳(1964)『マルクス＝エンゲルス全集　第13巻』大月書店

マルクス／エンゲルス、大内兵衛・細川嘉六監訳（1890/1965）『マルクス＝エンゲルス全集 第23巻 資本論 第1巻』大月書店
宮崎里司・マリオット, H. 編（2003）『接触場面と日本語教育―ネウストプニーのインパクト』明治書院
茂呂雄二（2002）「ディアロギズム心理学の構想―バフチンと心理学の対話」『思想』第940号 pp. 131-149.
茂呂雄二他編『状況と活動の心理学―コンセプト・方法・実践』新曜社
村岡英裕（1999）『日本語教師の方法論―教室談話分析と教授ストラテジー』凡人社
中村和夫（1998）『ヴィゴーツキーの発達論―文化歴史的理論の形成と展開』東京大学出版会
中村和夫（2004）『ヴィゴーツキー心理学完全読本―「最近接発達の領域」と「内言」の概念を読み解く』新読者社
ネウストプニー, J. V.（1981）『外国人とのコミュニケーション』岩波新書
西口光一（1995）『日本語教授法を理解する本―歴史と理論編』バベルプレス
西口光一（1998）「自己表現中心の入門日本語教育」『多文化社会と留学生交流』第2号 pp. 29-44.
西口光一（2004a）「留学生のための日本語教育の変革―共通言語の生成による授業の創造」『社会文化的アプローチの実際』石黒広昭編著 北大路書房
西口光一（2004b）「語ることをわたしたちの生態環境に位置づける―異言語話者接触研究のための発話の生態心理学序説」『多文化社会と留学生交流』 第8号 pp. 75-84.
西口光一（2005）「異言語話者接触を見直す」『文化と歴史の中の学習と学習者』西口光一編著 凡人社
西口光一（2009）「接触場面における複言語話者の心理と発話」『多文化社会と留学生交流』第13号 pp. 1-14.
西口光一（2012a）『A New Approach to Elementary Japanese―テーマで学ぶ基礎日本語』vol. 1 & vol. 2（英語版、中国語版、ベトナム語版）くろしお出版
西口光一（2012b）『NEJ　指導参考書』くろしお出版
西口光一（2012c）「『教育』分野―日本語教育研究の回顧と展望」『日本語教育』153号 pp. 8-23.
西口光一（2012d）「CEFRの構造と記述文とOUSカリキュラム」『多文化社会と留学生交流』第16号 pp. 63-72.
西口光一（2013）『第二言語教育におけるバフチン的視点―第二言語教育学の基盤として』くろしお出版
西口光一（2014a）「マルクスからヴィゴツキー、そしてバフチンへ―マルクスの

意識論を出発点として」『多文化社会と留学生交流』第18号 pp. 41-54.
西口光一（2014b）「総合中級日本語のカリキュラム・教材開発のスキーム」『多文化社会と留学生交流』第18号 pp. 77-85.
西口光一（2015a）「ジャンル論のエッセンス」『複言語教育』（日本大学 NU-CEFR 研究会刊）vol. 3, pp. 3-15.
西口光一（2015b）「ことばのジャンルと基礎日本語教育のデザイン」『多文化社会と留学生交流』第19号 pp. 1-11.
西口光一・蔭山拓・木村哲也（2015）「日本語教育における「対話」と対話原理」パネルセッション、2015年度日本語教育学会春季大会、予稿集 pp. 31-42.
野矢茂樹（2002）『『論理哲学論考』を読む』哲学書房
尾崎明人（1981）「上級日本語学習者の伝達能力について」『日本語教育』45号 pp. 41-52.
ドミニク・S・ライチェン＆ローラ・H・サルガニク編著、立田慶裕監訳（2006）『キー・コンピテンシー――国際標準の学力をめざして』明石書店、Rychen, S. Dominique and Salganik, H. Laura eds.（2003）*Key Competencies for a Successful Life and a Well-functioning Society.* Hogrefe and Huber.
ソシュール, F.、小林英夫訳（1916/1972）『一般言語学講義』岩波書店
ヴィゴツキー, L. S.、柴田義松・宮坂琇子訳（1924-33/2008）『ヴィゴツキー心理学論集』新読書社
ヴィゴツキー, L. S.、柴田義松他訳（1925-30/1987）『心理学の危機』明治図書
ヴィゴツキー, L. S.（1925）「行動の心理学の問題としての意識」、ヴィゴツキー, L. S.、柴田義松他訳（1987）『心理学の危機』明治図書所収
ヴィゴツキー, L. S.、中村和夫訳（1926/1985）「反射学的研究と心理学的研究の方法論」『心理科学』第8巻第2号 pp. 30-44.
ヴィゴツキー, L. S.（1926-27）「心理学の危機の歴史的意味」、ヴィゴツキー, L. S.、柴田義松他訳（1987）『心理学の危機』明治図書所収
ヴィゴツキー, L.S.、柴田義松・宮坂琇子訳（1926/2005）『ヴィゴツキー教育心理学講義』新読書社
ヴィゴツキー, L. S.（1928）「子どもの文化的発達の問題」、ヴィゴツキー, L. S.、柴田義松・宮坂琇子訳（2008）『ヴィゴツキー心理学論集』新読書社所収
ヴィゴツキー, L. S.（1929）「人間の具体的心理学」ヴィゴツキー, L. S.、柴田義松・宮坂琇子訳（2008）『ヴィゴツキー心理学論集』新読書社所収
ヴィゴツキー, L. S.、ルリア, A. R.、大井清吉・渡辺健治監訳（1930/1987）『人間行動の発達過程――猿・原始人・子ども』明治図書
ヴィゴツキー, L. S.、柴田義松監訳（1930-31/2005）『文化的‐歴史的 精神発達の理論』学文社

ヴィゴツキー, L. S.、 柴田義松・宮坂琇子・土井捷三・神谷栄司訳（1932-34/2002）『新・児童心理学講義』新読書社
ヴィゴツキー, L. S.、柴田義松訳（1934/2001）『思考と言語』新読書社 ※『思考と言語』
ヤロシェーフスキー, M. G.、中村和夫訳（1992/1994）「ソビエト心理学におけるエリ・エス・ヴィゴーツキーとマルクス主義―ロシア科学の社会史によせて」『心理科学』第15巻第2号 pp. 84-86.

英文

Berger, P. L. and Luckmann, T.（1966）*The Social Construction of Reality: Treatise in the Sociology of Knowledge.* New York: Anchor Books. 山口節郎訳（2003）『現実の社会的構成』新曜社

Brown, A.（1998）Transforming schools into communities of thinking and learninng about serious matters. *American Psychologist* 52: 399-413.

Bruner, J.（1986）*Actual Minds, Possible Worlds.* Cambridge, MA: Harvard University Press. 田中和彦訳（1998）『可能世界の心理』みすず書房

Canale, M.（1983）From communicative competence to language pedagogy. In Richards, J. C. and Schmit, R. W.（eds.）（1983）*Language and Communication.* London: Longman.

Canale, M. and Swain, M.（1980）Theoretical bases of communicative approaches to second language teaching and testing. *Applied Linguistics* 1: 1-47.

Council of Europe（2001）*Common European Framework of Reference for Languages: Learning, Teaching, Assessment.* Cambridge: Cambridge University Press. 吉島茂他訳・編（2004）『外国語の学習、教授、評価のためのヨーロッパ共通参照枠』朝日出版社

Coyle, D., Hood, P. and Marsh, D.（2010）*CLIL: Content and Language Integrated Learning.* Cambridge: Cambridge University Press.

Ferguson, C.（1975）Towards a characterization of English foreigner talk. *Anthropological Linguistics* 17: 1-14.

Gass, S. and Varonis, E.（1985）Task variation and nonnative/nonnative negotiation of meaning. In Gass, S. and Madden, C.（eds.）（1985）*Input in Second Language Acquisition.* Rowley, Mass.: Newburry House.

Hall, J. K.（1993）The Role of oral practices in the accomplishment of our everyday lives: The sociocultural dimension of interaction with implications for the learning of another language. *Applied Linguistics* 14: 145-166.

Hall, J. K.（1995）(Re)creating our worlds with words: A sociocultural perspective of face-to-face interaction. *Applied Linguistics* 16: 206-232.

Holland, D., Lachicotte Jr, W., Skinner, D. and Cain, C. (1998) *Identity and Agency in Cultural Worlds*. Cambridge, Mass.: Harvard University Press.

Holquist, M. (1981) Glossary. In Holquist M. (ed.) (1981), *The Dialogic Imagination*. Austin Texas: University of Texas Press.

Holquist, M. (1990) *Dialogism*. London: Routledge. 伊藤誓訳(1994)『ダイアローグの思想』法政大学出版局

Jacoby, S. and Ochs, E. (1995) Co-consrtuction: An introduction. *Research on Language and Social Interaction* 28: 171-183.

Jakubinskij, L. P. (1923/1979) On verbal dialogue. *Dispositio* 11-12: 321-336.

Linell, P. (1998) *Approaching Dialogue: Talk, Interaction and Contexts in Dialogical Perspectives*. Amsterdam: John Benjamins.

Linell, P. (2009) *Rethinking Language, Mind, and World Dialogically*. Charlotte, NC: Information Age Publishing.

Long, M. H. and Robinson, P. (1998) Focus-on-form: Theory, research and practice. In Doughty, C. and Williams, J. (eds.) (1998) *Focus-on-Form in Classroom Second Language Acquisition*. Cambridge: Cambridge University Press.

Newman, D., Griffin, P. and Cole, M. (1989) *The Construction Zone: Working for Cognitive Change in School*. Cambridge: Cambridge University Press.

Newmark, L. and Reibel, D. A. (1968) Necessity and sufficiency in language learning. *International Review of Applied Linguistics* 6: 145-164.

Rommetveit, R. (1990) On axiomatic features of a dialogical approach to language and mind. In Markova, I. and Foppa, K. (eds.) (1990) *The Dynamics of Dialogue*. Hemel Hempstead: Harvester Wheatsheaf.

Rommetveit, R. (1992) Outline of a dialogically based social-cognitive approach to human cognition and communication. In Heen, Wold, A. (ed.) (1992) *The Dailogical Alternative: Toward a Theory of Language and Mind*. Oslo: Scandinavian University Press.

Schwartz, J. (1980) The negotiation for meaning: repair in conversations between second language learners of English. In Larsen-Freeman, D. (ed.) (1980) *Discourse Analysis in Second Language Research*. Rawley, Mass.: Newburry House.

Shannon, C. E. and Weaver, W. (1949) *The Mathematical Theory of Communication*. Urbana, IL: University of Illinois Press.

Sperber, D. and Wilson, D. (1996) *Relevance: Communication and Cognition*. Oxford: Blackwell Publishing. 内田聖二他訳(2000)『関連性理論——伝達と認知』研究社

Tarone, E.（1977）Conscious communication strategies in interlanguage: A progress report. In Brown et al.（eds.）（1977）*On TESOL '77.* Washington D.C.: TESOL.

Tarone, E.（1980）Communication strategies, foreigner talk, and repair in interlanguage. *Language Learning* 32: 69-82.

Tharp, R. and Gallimore, R.（1988）*Rousing Minds to Life: Teaching, Learning, and Schooling in Social Context.* Cambridge: Cambridge University Press.

Varonis, E. M. and Gass, S. M.（1985）Miscommunication in native/nonnative conversation. *Language and Society* 14: 327-343.

Vygotsky, L. S.（1930-35/1978）*Mind in Society: The Development of Higher Psychological Processes.* Cole, M., John-Steiner, V., Scribner, S. and Souberman, E.（eds.）Cambridge, MA: Harvard University Press.

Vygotsky, L. S.（1934/1987）*Thinking and Speech. In The Collected Works of L. S. Vygotsky, Vol.1, Problems of General Psychology.* New York: Plenum Press.

Wertsch, J. V.（1991）*Voices of the Mind.* Cambridge, Massachusetts: Harvard University Press. 田島信元他訳（1995）『心の声』福村出版

Wilkins, D. A.（1976）*Notional Syllabuses.* Oxford: Oxford University Press. 島岡丘訳注（1984）『ノーショナル シラバス』桐原書店/オックスフォード

Widdowson, H. G.（1978）*Teaching Language as Communication.* Oxford: Oxford University Press.

Widdowson, H. G.（1983）*Learning Purpose and Language Use.* Oxford: Oxford University Press.

Widdowson, H. G.（1984）*Explorations in Applied Linguistics 2.* Oxford: Oxford University Press.

AV 資料

『Always 三丁目の夕日』、山崎貴監督、小学館、日本テレビ他製作、2005年作品

謝　辞

　本書の執筆にあたっては何人かの先生方からコメントをいただきました。神谷栄司先生（京都橘大学、ヴィゴツキー学）からは、第1章の人間による生活手段の生産から意識とことばの発生の議論に関して道具の生産の議論を間に入れてもう少し丁寧にしたほうがよいか、バフチンのことばのジャンルの発想はヘーゲル（そしてマルクス）の「個別−特殊−普遍」というカテゴリーの「特殊」からの発想ではないか、など重要な示唆をいくつかいただきました。前者についてはご指摘の通りですが、道具の生産については生活手段の生産とその世代を超えた再生産の議論の部分で間接的に示されていると見なして現状のままとしました。後者のご指摘やその他のご指摘は本書での議論をさらに深める種類のもので、今後の研究でさらに検討を進めたいと思っています。土井捷三先生（神戸大学名誉教授、ヴィゴツキー学）には、やや不明瞭であった第4章のポドテキストの部分についてロシア語原典に基づいて明快に教えていただきました。先生の学究的姿勢にはいつも敬服するばかりです。西本有逸さん（京都教育大学、英語教育学）からは、声＝人格という観点をもう少し打ち出すのがよいのではとの示唆をいただき一部そのような方向に書き改めました。西本さんからは「権威的な言葉」や「内的説得力のある言葉」などが第二言語教育の中でどのように具現化され実践されうるのかなどの考察もあってよいのではないかとのご指摘もいただき、なるほどそうした観点はきわめて興味深いと思いつつ、本書の範囲では扱うことはできませんでした。三代純平さん（武蔵野美術大学、日本語教育学）からは日本語教育や教育学一般で論じられているさまざまな「対話」と筆者の言う「対話」がどのように関連しているのかに関心があるとのご意見がありました。このテーマについては、本年5月の日本語教育学会でパネルセッションとして発表をしたのでそちらを参照してほしいと思います（西口他, 2015）。他にWiddowsonの言語技量（capacity）と対話原理の関係を示してほしいとのご

指摘があり、そのような点を配慮して一部改めました。百済正和さん（英国カーディフ大学、日本語教育学）には本書の原稿を読んでいただき、ご専門の領域であるTBLT（タスク中心の教育方法）やCLIL（内容と言語の統合的学習）におけることばのジャンルの位置についていくつかの示唆をいただき、TBLTやCLILと対話原理の親和性を改めて確認することができました。コメントをいただいた先生方にここに記して感謝を申し上げます。また、本書の初期の原稿は、筆者を中心として月に1回程度開催しているNJ研究会（A New Approach to Japanese Language Education 研究会）の皆さんと学期中に月に1・2回開いているバフチン・カフェの院生の皆さんに随時に読んでいただきました。皆さんとのディスカッションやいただいたコメントやフィードバックは本書をより明晰でわかりやすくするためにとても有益でした。前著に続いてプロフェッショナルに迅速・着実に編集作業をしてくださったくろしお出版の池上達昭さんにも感謝を申し上げます。

　最後になりましたが、仕事に没入しがちな筆者をいつもやさしく気づかい応援してくれる連れ合いの美香と日々いろいろな楽しみを与えてくれる遼に感謝しつつ、本書の上梓を共に祝いたいと思います。

　　2015年霜月

　　　　　　　　　　　　　　　　冬を迎えようとしている森の町より
　　　　　　　　　　　　　　　　　　　　　　　　　西口　光一

索 引

B

Brown 153

C

CEFR xii, 35, 36, 104, 107, 121, 139, 149
CLIL 120, 121

F

FCL 153

H

Holquist 13, 41, 49, 57, 98, 102, 103

L

Lave and Wenger 152
Linell 2, 14, 15, 28

N

NEJ 38, 109, 111, 178, 182

P

PPT カミシバイ 99, 110–114, 149

S

SMT アプローチ 118–120, 143

T

T フォーメーション 116, 118, 119

W

Wertsch 32, 33
Widdowson 33, 70, 71, 105–107, 121, 143, 149
Wilkins 32–34, 38

あ

アダム 15, 16

い

生きた発話 55, 95, 97, 100, 101
生きた発話・ディスコース 104, 109, 115
異言語混交性 33, 102
意識の記号による（被）媒介性 6, 176
意識の社会学 46, 48
意識の小宇宙 82, 83
意識の対話的アリーナ 58, 88, 90, 97, 100, 101, 120, 121, 137
意識の問題 161
一貫性 70
一般心理学 161, 165, 166
イデオロギー記号 24, 52, 55, 172, 174–176
イデオロギー的形成 29, 33, 51, 52, 102
イデオロギー的意義 29, 59
意味関係 95–97
イントネーション 27, 29, 64, 68, 77, 79, 82, 88, 97, 100, 114, 129, 130

う

ヴィゴツキー xvi, xix, xx, 6, 32, 52, 54, 77, 79, 81–83, 137, 145, 146, 155, 156, 160–169, 174–176
ヴィゴツキーの三角形 173, 174
ヴォイス 103, 104, 109, 111, 113, 114,

118, 119

え

エンゲルス　2, 5, 6, 156, 167–171

お

オーディオリンガル・メソッド　xiii, xiv
オーラル・メソッド　xiii
音声系列　27

か

カーニヴァル論　47
階級闘争　159
外言　51, 54–58, 61, 62, 64–67, 72–74, 76–79, 82, 85, 88–90, 100, 103, 127, 129, 131, 133, 135–139, 142, 175, 176
外的記号　55, 176
概念的思考　52, 53
科学的概念　52, 53, 146, 174
学習経路　152
学習者のコミュニティの育成　153
カミシバイ空間　111–113
関係主義的存在観　5, 18, 52
感性的世界　2, 5, 6, 50, 157
観念論　157, 161

き

既成の言語　25–27, 31
基礎言語使用者　35, 36
基底の構造　xvii, 42, 61, 85, 87, 90
機能的な言語行動　35, 37
規範として自己同一的な諸形態の体系　26
客観的現実　7, 50, 51, 160
共通の領域　54, 56, 61, 62, 76, 137, 138, 140
共通の領域の揺らぎ　141

く

桑野隆　xix, 47, 160, 171

け

結構　51, 91, 92, 138
言語学　xvii, 42, 59, 85, 92–95, 100
　現代言語学　101
言語活動経験　113
言語活動従事　21, 22, 26, 28–31, 38, 53, 104, 110, 121, 123, 144, 146, 147, 176
言語技量　105–108, 118, 120, 144
言語主体　26, 28, 33, 54
言語心理的な作業　130, 138, 142
言語的交通　7–10, 14, 17, 18, 23, 24, 89, 102–104, 142, 155
言語的思考　52, 53
言語特定的　138
言語発達的な対話的アリーナ　120
原初的意識　159, 174

こ

交信　103, 142
　文化的な交信　90, 102–103
行動主義　152
交流のための言語活動　35
声　xii, 5, 6, 43–45, 49, 50, 53, 55–58, 65, 70, 72–77, 79, 96–98, 101, 103, 104, 111, 118, 137, 143, 175
声に制御される動物　53
声の饗宴（シンポジウム）　100
コードモデル　89
言葉遣い　9, 13, 17, 18, 21, 25, 27, 29–31, 33, 37, 38, 88, 104, 115, 121, 144
ことばのジャンル　xvii, xix, 1, 2, 8–10, 13–15, 17, 18, 21–23, 25, 26, 28–31, 33, 38, 53, 93, 99, 101, 102
子ども的生活主体　53
コミュニカティブ　xi, xii, xiv, 1
コミュニカティブ・アプローチ　xi, xii, xiv, 1, 34, 105
コミュニカティブ・コンピテンス　105
コミュニケーション中心の言語教育　xiv, 33, 35

混成的なことば　135, 139
コンピテンス　105–107

さ

最近接発達の領域　xviii, 145, 146
細胞　166
作者　42, 43, 96–98, 101

し

自覚性　53
自己表現活動　xvi, 35, 37, 38, 99, 104, 107–110, 116, 118–120, 143, 150, 151
自己表現活動中心のマスターテクスト・アプローチ　38, 99, 118
自然的態度　50
思想や願望　77
実践的な現実　6, 8, 18
実存　4, 6, 53–55, 58, 62, 160, 174
実用的なコミュニケーション　35, 107
私物化　31, 32, 104, 109, 111, 115, 121
「自分にとってのわたしの声」　58, 62, 63, 72
社会＝経済的な基盤　7
社会言語的知識　14
社会的現実　xvii, 14, 18, 142
社会的交通　xvii, xviii, 7–11, 13, 14, 17, 18, 24, 29, 30, 41, 42, 51, 53–55, 57, 58, 61–65, 67–70, 72, 75, 76, 79, 81, 82, 85–87, 89–92, 95–97, 99, 100, 102–104, 123, 124, 135, 137–142, 144, 155
社会的諸関係の総体　4
社会的出来事　8, 103
社会的な諸関係　85, 87, 88
社会的な相互関係の雰囲気　87
社会の経済的組織　8–10, 17, 89
　社会の物質的な経済的組織　9
社会文化史　18, 52, 159, 160
社交的な言語活動　21, 35, 37
ジャンル論　1, 2, 5, 7, 9, 17–19, 21, 30
状況的学習　152, 153
状況的相互行為　2, 14, 18

情動や意志　82, 137
少年少女的生活主体　53
少年少女的生活世界　53
書記言語のコミュニケーション　103
人格としての声、意識としての声　57, 98, 103
信号　27
身体技法と認知技法と声が充填された動物　53
心的過程と記号の間の往還運動　175, 176
心的経験　54, 55, 172, 173, 175
真のイデオロギー　174
真の概念　53
心理の記号（中でもことば）による（被）媒介性　52, 167

す

随意性　53
枢要な媒介　51, 137
スクール・ラーニング　152
スタニスラフスキー　77, 79
スピーチ・コミュニティ　13, 16, 17, 35

せ

生活主体　51–53
生活世界　51–54
生活的概念　52, 53, 146, 174
成熟　54, 140, 143, 144, 146, 147, 159
成熟した、声に制御される生活・言語主体　54
成熟した生活主体　53
精神の記号による被媒介性　174
責任論　99, 102, 103
接触・交流　7, 11, 18, 41, 54, 57, 58, 98, 103, 137, 155, 177
接触場面　xv, 30, 35, 123, 140–142
接触場面社会的交通　30, 123, 124, 126, 138–140, 143, 144
接触場面（の）相互行為　xvii, 125, 142

そ

綜合的アプローチ　33, 34, 150
ゾーン　146, 147
ソシュール　18, 24, 26, 89, 92, 93, 101, 155
ソシュール的な言語観　38
存在の出来事　51, 54, 55, 57, 87, 137, 138

た

ターゲット・パフォーマンス　37
第一言語のことば　113, 138
第一言語の注釈　27-30, 110, 113, 143
大海から浮上する島　88, 89
　「(岸辺なき) 大海」から押し上げられた
　　「島」57
　「大海」から浮上してくる「島」56
　大海の中から浮上してきた一個の島　82
　大海から浮上してきた一個の島　76
　浮上してくる島　90
体系性　53
対象的活動　157, 158
第二言語教育学　x, xv, xvi, 154, 156, 176
第二言語のことば　113, 144
第二言語発達のアリーナ　147
第二言語発達の培養器　147
対話　ix, x, xvii, 1, 13-19, 29, 30, 39, 41, 42, 45-51, 53-55, 57-59, 61, 62, 64-66, 68, 70, 72-77, 81-83, 88-92, 94-104, 109-114, 120, 121, 123, 124, 126-131, 133-140, 142, 149, 150, 155, 160, 176, 177
対話関係　47, 92-97, 100
対話原理　ix, x, xvii, 1, 15, 19, 39, 41, 42, 45, 49, 50, 54, 58, 61, 91, 92, 98, 99, 101, 102, 104, 121, 123, 124, 149, 155, 160, 177
対話的関係　48, 93, 95
対話的空間　30, 57, 58, 62, 64-66, 73, 74, 76, 126-131, 133, 135, 136, 138, 139
対話的形成　2, 15

対話的交流　57, 68, 82, 94, 95, 98, 100, 101, 103, 104, 109-114, 137
対話的視点　93, 100
対話的主体　50, 53, 54, 96, 102, 103
対話的情況　68, 70, 75, 77, 82
対話的性質　48
対話的存在圏　46-48, 58, 90, 97, 100, 101
対話的洞察　29, 59
対話的な関係　48, 93, 101
対話的な見方　41, 49
対話論的アプローチ　99, 100, 120, 121
多義性　44, 45, 49, 56, 57
巧みな介助のある活動従事　146
多声性　70

ち

超言語学　xvii, 42, 47, 48, 85, 92, 93, 100
超言語的　138
超状況的　14, 18, 28
超状況的実践　2, 14, 18
直接法　xi, xiii, xv
直観的思考　53

つ

ツールキット　32, 33

て

定位　16, 17, 58, 65, 90, 104, 138
テーマ　9, 18, 31, 33, 37-39, 44, 45, 48, 54, 82, 83, 97, 103, 108-110, 116, 120, 137, 143, 144, 146, 151, 153, 156
テーマ・スペース　143
出来合いのもの　27, 28

と

動機　34, 81-83, 90, 103, 137, 143
登場人物　14, 43, 77, 109-115
独立的言語使用者　121
ドストエフスキー　xix, 42-50, 58, 90, 92-95, 97, 98
「どのように」xvi, 41

ドラマ 14, 52, 171

な

内具化 24, 102, 104
内言 54, 56, 57, 61, 62, 66–68, 70, 71, 75–77, 79, 85, 87–89, 97, 100, 127, 128, 137, 175
内的発話 xvii, 56, 82, 89, 90
長沼直兄 xiii
長沼メソッド xii, xiii
「何を」 xvi, 1
ナビゲーター（進路案内） 139
ナラティブ 108–117, 120, 143, 144, 149, 182

に

日常イデオロギー 174
日常的な生活主体 53
日常的な生活世界 53
人間のイデオロギー的形成 24, 51, 52, 102
人間の存在論 98, 99, 103
認識論 41, 49, 50, 165
認知主義 152

ね

ねらい 105, 107, 108, 119, 121, 149

の

能動的応答的理解 54, 58, 61, 65, 82, 83, 137, 138

は

パーマー xii, xiii
媒介手段を用いて行為する個人 32
発達の最近接領域 146
発話行為 xiv, 14, 15, 28, 56, 64, 89, 137
発話の構成 9, 85–88
発話の構築法 23, 31, 104
発話の材料 28
パフォーマンス・オリエンティッド 21, 35, 37, 107

バフチン ix, x, xvi–xix, 1, 6–9, 13–19, 21–28, 30, 32, 33, 38, 39, 41–52, 54–58, 64, 71, 76, 82, 85, 86, 89–103, 106, 107, 149, 154–156, 160, 171–177
半意識化 29

ひ

ヒューリスティック 28, 29
『標準日本語読本』 xiii
広い社会的な環境 85, 86, 141
廣松 3–5

ふ

複言語的な意識の対話的アリーナ xviii, 139
複言語的な対話的空間 139
複言語的な対話的主体 138
複言語話者 139
舞台装置 14
物象化 7, 26, 28, 29, 160
物理的な音声 55, 58, 62, 137
物理的な現実 142
ブリコラージュ 144
ブリコラージュ的な言語活動従事 146
フロイト xix, 14, 27, 28, 171
プロトタイプ的な言語行使 15
文化・イデオロギー現象の現実 7, 8, 17, 18
文化心理学 155
文化的な交信→交信
文化的発達の一般的発生法則 175
文化 – 歴史的理論 164, 167
分析的アプローチ 32–34
文法的な構成体 29, 30

へ

弁証法 44, 46, 51, 165, 166, 168, 169, 173, 175
弁証法的唯物論 156, 157, 161

ほ

母語話者場面　123, 128, 141, 142
ポドテキスト　77–81, 83, 137
ポリフォニー　43, 46–49, 54, 57, 61
ポリフォニー小説　42, 44, 45, 47–49
ポリフォニー的芸術思考　46–48
ポリフォニックな意識の対話的アリーナ　90, 100
ポリフォニックな対話　57

ま
マスターテクスト　38, 99, 108–110, 117, 118, 120, 121, 144
マスターテクスト・アプローチ　38, 99, 117, 118, 121, 144
学びほぐし　151
マルクス　xvi, xviii, xix, 1–7, 9, 18, 24, 51, 52, 155–161, 164–172, 174

み
水の小さな一滴　83
身近な社会的状況　86

め
メタ言語学　xvii, 47, 92

も
目標言語　xi, xiv, 27, 34, 35, 123, 143, 144
文字系列　27
モノローグ　42, 47, 89, 132
モノローグ的な発話　89
模倣　xiv, 111, 112, 114, 145, 146

や
ヤロシェーフスキー　168, 171

ゆ
唯一の統合的な存在の出来事　51, 137
唯物史観の公式　24, 159
唯物論　156, 157, 161, 166, 167

よ
ヨーロッパ評議会　33, 34

ら
ラング　18, 22, 24–26, 30, 89, 101, 114, 142, 143

り
リソース　28–30, 33, 34, 39, 54, 108, 109, 113, 118, 119, 121, 134, 144
両義性　44, 45, 49, 56, 57
理論的な概念　14, 28, 29

れ
レオンチェフ　161
連関関係　7

ろ
（日本語習得の）ロードマップ　119
論理関係　96, 97

わ
「わからない」問題　110, 112
「わたしにとってのあなたの声」　58, 62, 64–66, 127

[著者紹介]

西口　光一（にしぐち こういち）

大阪大学国際教育交流センター教授、同大学院言語文化研究科兼任、博士（言語文化学）。
専門は日本語教育学、言語心理学。国際基督教大学大学院教育学研究科博士前期課程修了（教育学修士）。アメリカ・カナダ大学連合日本研究センター講師、ハーバード大学言語文化部上級日本語課程主任を経て、現職。
著書に『第二言語教育におけるバフチン的視点－第二言語教育学の基盤として』（くろしお出版）、『文化と歴史の中の学習と学習者』（編著、凡人社）、『日本語教授法を理解する本－歴史と理論編』（バベルプレス）、『ことばと文化を結ぶ日本語教育』（共著、凡人社）など。日本語教科書としては、『NEJ：A New Approach to Elementary Japanese －テーマで学ぶ基礎日本語』（くろしお出版）、『基礎日本語文法教本』（アルク）、『みんなの日本語初級 漢字』（監修、スリーエーネットワーク）、『例文で学ぶ 漢字と言葉 Ｎ２』（スリーエーネットワーク）、『日本語 おしゃべりのたね』（監修、スリーエーネットワーク）、『Perfect Master Kanji Ｎ２』（凡人社、同 iPhone アプリ＜ナウプロダクション＞）など。

対話原理と第二言語の習得と教育
―第二言語教育におけるバフチン的アプローチ―

2015年12月30日　第１刷発行

著　者　西口光一

発　行　株式会社　くろしお出版
　　　　〒113-0033　東京都文京区本郷3-21-10
　　　　電話: 03-5684-3389　FAX: 03-5684-4762　WEB: www.9640.jp

装　丁　折原カズヒロ　　印刷所　株式会社三秀舎

©Koichi Nishiguchi 2015, Printed in Japan
ISBN978-4-87424-682-5 C3081

本書の全部または一部を無断で複製することは、著作権法上での例外を除き禁じられています。